이해관계자 자본주의

이해관계자 자본주의

개성판 1쇄 인쇄 2024년 2월 2일
개정판 1쇄 발행 2024년 2월 10일

지은이 최남수
발행인 전익균

이 사 김영진, 김기충
기 획 권태형, 조양제
편 집 송희옥, 전민서
디자인 페이지제로
관 리 이지현, 정정오
마케팅 (주)새빛컴즈
유 통 새빛북스

펴낸곳 도서출판 새빛
전 화 (02) 2203-1996, (031) 427-4399 **팩스** (050) 4328-4393
출판문의 및 원고투고 이메일 svcoms@naver.com
등록번호 제215-92-61832호 **등록일자** 2010. 7. 12

가격 17,000원
ISBN 979-11-91517-66-8 03320

이해관계자
자본주의

자본주의 '그레이트 리셋'
이젠 'ESG 경영' 시대!

최남수 지음

도서출판 새빛
AEVIT

ESG와
이해관계자 자본주의 시대의 개막

2008년 월스트리트에서 발원한 금융위기는 글로벌 경제의 근본적인 문제점을 노출시켰다. 금융자본의 탐욕, 그 민낯이 드러났고 신자유주의로 인한 불평등 이슈가 본격 제기되면서 자본주의 자체가 궤도수정을 요구받게 됐다. 이로부터 11년 뒤인 2019년 말. 중국 우한에서 시작된 코로나19 사태는 전례 없는 강도로 전 세계를 뒤흔들어 놓았다. 경제가 급냉각했다. '큰 정부'가 나서 가계와 기업에 자금을 대규모로 긴급 수혈했다. 소비는 물론 기업 경영, 교육 등이 상당 부분 비대면으로 이뤄졌다. 아이러니하게도 팬데믹 이전부터 진행돼온 4차산업혁명이 가속화하는 계기가 됐다.

글로벌 경제는 이젠 팬데믹의 터널에서 빠져나왔다. 하지만 위기는 새로운 위기를 잉태했다. 팬데믹 기간 중 많은 풀린 돈 때문에 물가가 급등했고 물가의 고삐를 잡기 위한 고금리 정책의 파장이 각국 경제에 먹구름을 드리우고 있다. 어느 정도 물가가 진정세를 보이면서 글로벌 경제의 관심은 언제 각국의 통화정책이 금리 인하로 돌아설지에 쏠리고 있다.

우리는 팬데믹을 계기로 새로운 세상에 들어섰다. 맥킨지는 이를 '넥스트 노멀Next Normal'로 부르고 있다. 세계경제포럼WEF은 세계가 '그레이트 리셋Great Reset', 즉 대개조의 국면에 들어섰다고 진단했다. 경제의 본질적 구조가 지각변동을 하고 있다. 앞으로 글로벌 경제는 ESG의 확산과 이해관계자 자본주의로의 전환을 중심으로 커다란 변화를 겪어나가게 될 것으로 보인다.

이와 관련해 중요한 분기점은 코로나19 사태가 일어나기 4개월 전인 2019년 8월 미국 재계가 내놓은 중대한 선언이다. 미 재계는 주주가치 극대화에 초점을 맞춰온 주주자본주의의 종언을 선언했다. 고객, 근로자, 거래기업, 지역사회 등 이해관계자를 존중하는 경영을 하겠다며 이해관계자 자본주의의 깃발을 들었다. 한국 기업들도 유사한 내용을 담아 '기업선언문'을 발표했다. WEF는 이를 적극적으로 전파하고 있다. 미국 바이든 대통령도 주주자본주의를 끝낼 때가 됐다고 '공명共鳴의 화음'을 냈다. 법률과 제도는 물론 기업 경영, 회계 및 공시, 투자 등 다양한 분야에서 자본주의의 대전환을 가시화하는 방안들이 활발하게 논의되고 있다.

이와 함께 환경, 사회, 지배구조를 중시하는 ESG가 글로벌 표준으로 빠르게 자리를 잡아가고 있다. 국내에서도 ESG가 기업 경영의 핵심적인 축으로 속속 도입되고 있다. ESG 경영은 한마디로 환경을 보존하고 사람을 돌보는 투명하고 윤리적인 경영을 하자는 깃발이다. 필자는 기업이 단기 이익에 치중하지 않고 장기적 호흡으로 이해관계자 모두를 존중하는 '포용적 경영'을 하는 이해관계자 자본주의와 환경, 사회, 지배구조를 중시하는 'ESG 경영'을 한국 경제의 미래로 제안한다. 이미 많은 기업이 앞장서 실천에 나선 만큼 이해관계자 자본주의와 ESG 실천이 경제 전반에 확산되고, 제도와 법률 그리고 관행의 혁신도 이뤄지기를 기대해본다. 이 책은 글로벌 경제에서 일어나고 있는 '판의 변화'를 싶어보기 위해 기획됐다.

제1장에서는 ESG 경영 시대 개막의 의미를 짚어보면서 신자유주의와 주주자본주의가 가져온 문제점을 다뤘다. 제2장은 미국 재계와 세계경제포럼이 선언한 이해관계자 자본주의의 내용,

이해관계자 자본주의

그리고 여기까지 오기까지 어떤 논의 과정이 있었는지를 짚어봤다. 제3장에서는 경영혁신을 통해 이해관계자를 존중하는 경영을 하는 국내외 기업을 소개하고, 중요한 어젠다인 ESG와 이해관계자 자본주의의 측정을 위한 SCM을 정리해봤다. 제4장은 법과 제도의 개선 등 자본주의 혁신을 위한 실행 과제 등을 짚어봤고, 제5장에서는 본격화되고 있는 ESG 경영의 주요 이슈들을 소개했다.

'이해관계자자본주의' 초판은 지난 2021년에 발간됐다. 그동안 많은 변화와 진전이 있었다. 개정판을 내게 된 이유이다. 능력과 지혜를 주신 하나님께 감사의 기도를 드린다. 인생의 동반자이자 친구인 아내, 늘 등 두드려주시는 어머님과 장모님을 비롯한 가족에게 사랑의 마음을 전한다. 2010년 '교실밖의 경제학' 출간을 시작으로 저작의 과정을 함께 해오신 전익균 도서출판 새빛 대표님과 임직원께 감사의 마음을 전한다.

2024년 2월
우보愚步 최남수

차례

1 수술대에 오른 주주자본주의

2 이해관계자 자본주의의 부상

1

수술대에 오른
주주자본주의

주주자본주의를 끝낼 시간이다.
주주자본주의는 기업이 주주에게만 책임을 진다는 생각이다.
이는 진실이 아니다. 기업은 근로자, 지역사회, 그리고
국가에 대한 책임이 있다.

조 바이든 46대 미국 대통령

이젠 ESG 경영 시대

　최근 기업과 금융기관들이 잇따라 ESG 경영을 선언하고 나섰다. 정부도 ESG 공시 의무화 등 정책을 발표하고 정치권에서도 ESG 법제화가 추진되고 있다.

　ESG는 환경Environmental, 사회Social, 지배구조Governance를 뜻하는 말이다. ESG는 새로운 용어는 아니다. 지난 2006년에 제정된 UN책임투자원칙PRI에서 나온 개념이다. PRI는 6개 투자 원칙으로 구성돼 있는데 투자에 대한 의사결정을 할 때 ESG를 반영하고, 기업이 이를 공시하도록 하는 내용 등을 담고 있다. ESG의 세 가지 요소 중 '환경(E)'은 기후 변화에 대한 기업의 정책, 공기와 수질 오염, 폐기물과 위험물질 관리, 재생에너지 등을 평가대상으로 한다. '사회(S)'는 지역사회와 소통, 인권, 근로 관행, 제품의 안전성, 고객 관계 등에 초점을 맞추고 있는데 기업이 다양한 이해관계자와의 관계를 적절하게 관리하고 있는지를 주시한다. '지배구조(G)'는 이사회 구성, 투명성, 뇌물과 부패, 주주 관계 등 리더십과 내적 통제를 평가한다. 한마디로 경영과 생산과정 전반에서 친환경 운영을 하고, 이해관계자를 존중하며, 지배구조가 건전한 기업이라야 투자 대상이 될 수 있다고 보는 '자격 조건'이라고 할 수 있다.

그동안 ESG는 기업이 평판 관리를 위해 '하면 좋은' 정도의 과제였다. 지금은 '반드시 해야 하는' 필수적 조건이 됐다. 글로벌 비즈니스를 하고 자금조달을 하기 위해서는 꼭 입어야 하는 '드레스코드'같은 조건이 됐다. 이처럼 ESG가 '권고'에서 '의무'로 무게 중심이 옮겨간 배경은 무엇일까? 크게 세 가지를 들 수 있다. 먼저 팬데믹을 계기로 인류의 생존을 위해 환경 보호를 강화할 필요성이 커졌다. 특히 지구 온난화를 이대로 두면 커다란 재난이 닥칠 것이라는 위기의식이 높아지고 있다. 지난 2015년에 채택된 파리기후협약의 목표는 지구 평균기온 상승 폭을 산업화 이전 대비 1.5°C로 억제하는 것이었다. 하지만 현재 상황은 '궤도 이탈'이다. 지금 같은 속도로 기온이 올라가면 1.5°C '천장'이 뚫리고 금세기 말에는 기온이 3°C 상승할 것으로 우려되고 있다.

둘째, 주주 이익 극대화만을 추구해 심각한 양극화를 가져온 주주자본주의에 대한 반성이 미국 재계를 중심으로 본격적으로 제기되고 있다. 기업이 고객, 근로자, 거래기업, 지역사회 등 이해관계자를 존중하는 경영을 하는 것을 골자로 한 이해관계자 자본주의가 대안으로 제시되고 있다. 마지막으로 환경 보호와 이해관계자 자본주의를 강력하게 지지하는 바이든 미국 행정부와 EU유럽연합가 공조하면서 관련 정책이 잇따라 실행되고 있다. 게다가 팬데믹 위기 극복을 위해 각국 정부가 그린 뉴딜 정책을 추진하면서 돈이 이쪽으로 몰려 새로운 사업 기회들이 생겨나고 있다.

ESG 같은 비재무적 요소가 왜 이렇게 중요성이 커지게 됐을까? 무엇보다 기업의 ESG 준수 여부를 바라보는 투자자들의 시선이 예사롭지 않다. 투자자들은 전통적인 재무분석을 통해 탐지되지 않는 기업의 리스크를 ESG 요소에서 확인하는 게 가능하고, 이게 결국 재무 성과에 영향을 미친다고 보고 있다. ESG가 결국은 투자 또는 재무 리스크라는 것이다. 인권 침해나 뇌물 제공 등 의심스러운 내부 관행이 있는 기업은 투자 대상에서 제외될 수 있다. 이게 문제가 돼 기업 경영이 흔들리고 기업 가치가 떨어질 우려가 있기 때문이다. 실제로 노르웨이 정부 연금펀드는 환경 훼손이나 부패 등에 책임이 있는 기업에 투자하는 게 금지돼있다. 사례 하나를 들어보자. ㈜한화는 분산탄을 제조하다 국제적으로 비판을 받아왔다. 분산탄이 넓은 지역을 초토화하면서 민간인 피해를 유발할 가능성이 컸기 때문이다. 유럽국가 연기금은 2007년에 ㈜한화를 투자 대상에서 제외했다. 결국 ㈜한화는 분산탄 사업을 매각했다.

이뿐만이 아니다. 기후 변화는 기업의 실적에 부정적 영향을 미치고 있다. 저지대 부동산은 지구 온난화에 따른 해수면 상승과 잦은 폭풍우 등 리스크에 직면해있고, 혹서酷暑는 근로자의 건강과 생산성, 식량 생산에 피해를 주고 있다. 환경 기업인 세레스의 연구 결과를 보면, 지난 2017년에 S&P500 기업 중 50개가 넘는 기업이 기후 변화가 수익에 나쁜 영향을 미쳤다고 공시했다. 또 공급 체인에 혼란이 생긴 업체가 2012년에서 2019년 사이에 29%나 늘어났다. 앞으로 기후 변화에 잘 대응한 기업과 그렇지 못한 기업은 실적에서 커다란 격차를 보일 것임을 말해주는 대목이다. 샌프란시스코 FRB는 '기후 변화는 금융 리스크 요인'이라는 보고서에서 "기후 변화가 많은 기업과 가계, 정부에 경제적, 재무적 손실을 가져다줄 것"이라며 "이로 인해 개별 금융기관의 안전과 건전성, 그리고 금융 시스템 전반의 안정성이 위협받을 것"이라고 경고했다.

하지만 관점을 바꾸면 ESG는 기업 스스로 리스크를 줄이고,

새로운 성장 기회를 포착하는 기회가 될 수 있다. 다양한 연구 결과를 보면 환경과 사회, 지배구조에서 좋은 점수를 받은 기업은 경영 성과도 더 좋은 것으로 분석되고 있다. 2,200개에 이르는 기존 연구 사례를 종합 분석한 한 연구는 ESG가 재무 성과에 긍정적 영향을 주고 이는 장기간에 걸쳐 안정적인 것으로 나타났다고 밝히고 있다. MSCI는 ESG 관리 수준이 높은 기업은 위험도가 낮아 수익성도 높고 기업 가치 평가도 더 양호하다고 평가했다. 또 팬데믹 초중반의 약세장 속에서도 ESG 주식 펀드는 다른 펀드보다 높은 수익률을 기록했다.

어쨌든 ESG(환경, 사회, 지배구조)는 그동안 일사불란한(?) 움직임을 보였다. 글로벌 비즈니스를 하기 위해서는 반드시 입어야 하는 '드레스코드'가 된 ESG 경영은 기업의 생존과 성장을 위한 필수조건으로 받아들여졌다. 그러나 최근 들어서는 ESG가 논쟁의 대상이 되는 양상이다.

직접적인 계기가 된 것은 우크라이나 전쟁. 그동안 ESG를 앞장서 주도해온 EU유럽연합는 러시아가 가스공급을 줄이자 궁여지책으로 화석연료 발전을 늘렸다. 그러자 ESG가 뒷걸음질하고 있다는 비판이 일었다. 이에 대한 EU의 응수는 중장기적으로 러시아에 대한 에너지 의존도를 낮추기 위한 원전 및 재생에너지 생산 확대이다. 길게 보면 러시아가 자충수에 몰릴 수도 있다.

미국에서는 ESG가 이른바 '문화전쟁'의 이슈가 되고 있다. 공화당 인사들이 ESG와 기후변화 논의를 정치·이념 이슈화하고 있기 때문이다. 대표적인 공화당 인물은 론 드샌티스 플로리다주지사. 그는 주연금이 투자의사 결정을 할 때 ESG를 고려하는 것을 금지시켰다. 공화당 소속 정치인이 주지사인 텍사스주도 이 대열에 섰다. 주정부가 에너지기업들을 '보이콧'하는 블랙록 등 금융기업과 금융거래를 하는 것을 중단했다. 화석연료 기업들이 공화당의 주요한 돈줄이라는 점과 관련이 깊은 움직임이다. 하지만 '반反ESG'를 대세로 보긴 어렵다. 바이든 행정부가 관련 입법을 통해 기후변화 대응에 적극적으로 나서고 있는 데다 민주당이 '지휘봉'을 잡은 캘리포니아주 등 다른 주에서는 친ESG정책이 시행되고 있기 때문이다. 미국 내 전반적 여론도 ESG와 기후변화 대응에 대해서는 우호적이다. ESG에 대한 이 같은 공방은 사실 벌어질 때가 돼서 벌어지고 있는 측면이 있다. ESG에 대한 논의가 실행 의지와 맞물리면서 본격화한 것은 3년여에 불과하다. 환경과 사람을 돌보는 투명한 경영을 하자는 큰 방향성은 '올바른 길'을 제시하고 있지만, 디테일은 아직 정비되지 않은 게 현실이다. ESG에 대한 공격은 그 기반을 잘 다져나가게 하는 계기가 될 수 있다고 본다.

이해관계자 자본주의

실제로 ESG에 대한 논의는 최근 본질적으로 국면이 달라진 모습을 나타내고 있다. 두드러진 변화는 그동안은 ESG를 왜 해야 하는지, 즉 'Why'에 대한 논의가 활발했다면 이제는 ESG를 어떻게 실행에 옮기고 구체적인 성과를 낼지, 즉 'What & How'로 논의의 초점이 옮겨갔다는 점이다. 이에 따라 ESG 경영 논의의 폭이 넓어지면서 심도深度도 깊어지고 있다.

ESG 변화의 핵심은 가속화하고 있는 제도화이다. 기후공시, 공급망 대응 등 기업들이 실제로 대응해야 할 일들이 많아지고 있다. 먼저, 기업이 탄소를 얼마나 배출하고 있는지를 공시하도록 하는 '기후공시' 논의가 활발하게 진행되고 있다. 이를 이해하기 위해 탄소가 배출되고 있는 기업의 가치사슬의 경로에 대해 알아보자.

기업이 탄소를 배출하는 영역은 크게 세 가지로 구분된다. 스코프scope 1, 스코프 2, 스코프 3이다. 이 중 스코프 1은 기업이 소유하고 통제하고 있는 곳에서 직접 발생시키는 탄소 배출이다. 화학 공정, 보일러 등이 대표적 사례이다. 다음으로 스코프 2는 기업이 사용하는 전기와 동력이 생산되는 과정에서 배출되는 탄소이다. 마지막으로 스코프 3, 기업이 원자재 등을 사들이고, 제품을 판매하는 공급망에서의 탄소 배출을 말한다. 여기에는 기계 구입, 폐기물, 수송, 유통, 판매 제품의 가공, 자산의 임대차 등이 포함된다. 직원이 해외 출장을 가거나 출퇴근을 할 때 배출되는 탄소도 들어간다. 그만큼 기업으로서는 측정하고 관리하기가 어려운 영역이다. 중요한 점은 70% 이상의 탄소 배출이 스코프 3에서 이뤄져 이를 관리하지 않고는 탄소를 획기적으로 줄이기 어렵다는 사실이다.

현재 기업들이 탄소를 얼마나 배출하고 있는지를 공시하도록 하는 논의는 몇 갈래로 진행되고 있다. 그중 하나는 2021년 10월 영국 글래스고에서 열린 제26차 유엔기후협약당사국총회에서 출범한 ISSB^{국제지속가능성기준위원회}. 이 기관은 최근 발표한 지속가능 및 기후공시 최종안에서 앞에서 설명한 스코프 1, 스코프 2, 스코프 3를 기업이 모두 공시하도록 요구하고 있다. 이 안은 여러 국가와 규제기관에서 신속하게 도입할 것으로 보인다. ISSB의 안이 G20와 국제증권관리 위원회 등의 지지를 받고 있기 때문이다.

이와 별도로 미국의 증권관리위원회^{SEC}도 2022년 3월 상장기업에 기후공시를 의무화하는 방안을 발표했다. 주요 내용을 보면, 탄소 배출의 경우 스코프 1과 스코프 2는 모든 상장사가 공시하도록 했다. 다만, 스코프 3 공시는 ISSB 안보다는 다소 완화된 내용이다. 스코프 3 탄소 배출이 상장사에 중요하거나 상장사가 스코프 3를 포함한 감축 목표를 설정한 경우로 제한했다. SEC의 최종안은 2024년 상반기 안에 발표될 것으로 보인다. 지금까지 소개한 기후공시 방안은 시행까지는 다소 시간이 걸릴 것이다. 하지만 이젠 탄소 배출량 공시 자체는 새로운 글로벌 룰로 도입되는 게 대세이다. 탄소 배출이 많은 제조업의 비중이 높은 한국 산업으로서는 부담스러운 일이지만 글로벌 비즈니스를 하려면 피할 수 없는 흐름이어서 세밀한 대응이 필요한 때이다.

이와 함께 EU가 시행할 채비를 갖추고 있는 공급망 실사 지침도 잘 대응해야 할 제도로 꼽힌다. 이 지침은 기업이 글로벌 가치사슬 전반에서 아동 노동 등 인권을 훼손하고 오염과 생물다양성 손실 등 환경을 해치는 행위를 하지 말 것을 요구하고 있다. 이를 위해 기업 본사와 자회사 그리고 공급사슬에서 인권과 환경에 대한 실사 의무를 갖도록 했다. 이 의무를 위반한 기업에는 벌금 부과 등 제재가 가해진다. 중요한 대목은 피해자들이 소송을 통해 기업으로부터 보상을 받을 수 있도록 했다는 점이다. 이 실사 지침이 최종 채택되면 회원국들은 2년 안에 국가별로 법률을 마련해 시행해야 한다. 이에 따라 EU지역에 수출하는 국내 기업에도 비상이 걸렸다. EU에 지사를 설치한 기업은 물론 EU 기업과 거래해 공급망에 포함된 기업들이 지침 적용을 피할 수 없을 것으로 보이기 때문이다. 여기에다 글로벌 기업들이 공급망 실사를 협력사 선정의 주요한 기준으로 삼고 있어 이래저래 인권과 환경에 대한 기준을 충족시키지 못하면 국제무대에서 외면받을 우려가 점점 커지고 있다.

지금까지 살펴본 것처럼 ESG 경영에 대한 제도적 틀이 해외에서부터 본격화하고 있다. 기업은 이제 ESG를 경영 전반에 내재화함으로써 비즈니스 모델을 혁신해나가야 하는 'ESG 트랜스포메이션transformation'의 단계에 들어서고 있다.

바이든,
"주주자본주의 끝내겠다!"

　미국 우선주의로 그동안의 세계 경제 질서에 혼선과 균열을 가져온 트럼프 시대 4년이 막을 내렸다. 46대 미국 대통령으로 민주당 후보인 조 바이든이 당선됐다. 바이든의 백악관 입성은 단순히 진보와 보수 간의 정권 교체로만 볼 수 없을 듯하다. 트럼프가 워낙 좌충우돌左衝右突식으로 비정상적인 포퓰리즘 정치를 해온 만큼 '상식과 합리'의 시대로 복귀하는 더 큰 틀의 의미도 있다고 본다. 그런 만큼 바이든 행정부는 국가 운영철학과 제도, 정책 등을 정상으로 되돌리면서 진보적 채색을 해나가는 커다란 전환을 시도할 것으로 보인다.

　더구나 민주당이 상원과 하원 모두에서 과반 의석을 차지하는 '블루 웨이브'를 이룸으로써 바이든은 정책 추진에 탄력을 받게 됐다. 하지만 트럼프가 '가설'해놓은 제동 장치가 바이든에게 부담이 될 가능성이 있다. 바로 미국 대법원이다. 진보 성향인 루스 베이더 긴즈버그 대법관의 사망 이후 트럼프가 속전속결식으로 보수 성향의 에이미 코닛 배럿 대법관을 임명함으로써 미국 대법원은 6대3으로 보수가 압도적인 구조를 갖추게 됐다. 이로써 1930년 이후 가장 우클릭한 대법원이 사법적 최종 판단의 열쇠를 쥐게 됐다. 바이든 행정부에는 대법원의 이 같은 성향이 부담이 될 전망이다. 진보적 법안을 상·하원에서 통과시켜도 대법원이 이를 무력화시킬 수 있는 '최후의 판정'을 할 수 있기 때문이다.

어쨌든 앞으로 바이든은 경제 정책에 있어서는 양극화를 완화하고 형평성을 제고하는 정책을 펼쳐나갈 것으로 예상된다. 바이든은 대선 과정에서 대기업과 고소득자를 대상으로 한 증세를 예고한 바 있다. 트럼프가 21%로 낮춰놓은 법인세율을 28%로 올리고, 연 소득 40만 달러 이상 부유층에 대한 개인소득세율을 인상하겠다는 것이 조세정책 공약의 주요 내용이다. 이런 방식으로 향후 10년 동안 부유층과 기업을 대상으로 3조 2,000억 달러를 걷어 사회 인프라, 교육, 의료부문에 투입하겠다는 것이다. 반면, 중산층 가정에는 세금을 환급해줘 건강보험 부담 경감과 생애 첫 주택구입 지원 등을 위해 사용할 수 있도록 지원하겠다는 방안이다.

더 큰 관점에서 보면 바이든은 주주가치 극대화에 초점을
맞춰온 현행 주주자본주의Shareholder Capitalism를 고객, 근로자, 거
래업체, 지역사회 등을 포용하는 이해관계자 자본주의Stakeholder
Capitalism로 개편하는 구조적 작업에 손을 댈 것으로 보인다. 바이
든은 대선 기간 중 트럼프 대통령이 코로나 팬데믹 사태 속에서
도 월 스트리트를 지나치게 중시했다면서 자신은 근로자 가족들
에 더 초점을 맞추겠다고 공언해왔다. 그가 2020년 7월 10일 펜
실베이니아주에서 경제 공약을 발표하면서 발언한 내용의 골자
는 이렇다.[1]

팬데믹 위기 내내 트럼프는 다우와 나스닥 같은 증시에만 신경을
썼다. 당신이나 당신 가족에게는 관심을 두지 않았다. 내가 대통령
에 당선되면 부유한 투자자가 아니라 근로자 가족, 중산층 가족에
초점을 맞추겠다. 그들(부유한 투자자)은 내가 필요하지 않다. 주주자
본주의를 끝낼 시간이다. 주주자본주의는 기업이 주주에게만 책임
을 진다는 생각이다. 이는 진실이 아니다. 기업은 근로자, 지역사회,
그리고 국가에 대한 책임이 있다. 이는 새롭거나 급진적인 개념이

1   2020년 7월 펜실베이니아주에서 바이든이 경제 정책 공약을 발표하면서 주주자본주의에 대해 언
급한 내용을 wsj과 cnbc, yahoo!finance 등이 보도한 내용.

아니다.

주주자본주의에 부정적인 견해를 가지고 있는 바이든은 대기업 정책에도 같은 맥락의 태도를 견지해나갈 것으로 예상된다. 독과점 등 대기업의 불공정 행위를 강력하게 견제하고 근로자를 지원하는 민주당 특유의 정책이 실행될 전망이다. 민주당은 대선 기간 중 내놓은 '경제구제를 위한 긴급행동 계획'에서 다음과 같은 입장을 밝혔다.

대기업에 대한 감독

조 바이든은 재정 지원을 바라는 대기업들에 그 자금을 CEO나 주주가 아닌, 근로자들에게 지원하겠다고 약속할 것을 요구할 것이다. 바이든은 대기업들이 그 자금을 자사주 매입이나 경영진의 급여를 올리는 데 쓰는 것을 엄격하게 금지할 것이다.

하지만 바이든은 기업 규제에 대해 민주당 내 경쟁 후보였던 엘리자베스 워런 상원의원이나 버니 샌더스 상원의원에 비해 온건한 입장이라는 평가를 받고 있다. 두 사람은 은행 산업 경쟁 촉진을 명분으로 상업은행과 투자은행의 경계를 허문 1999년의 그램-리치-브라일리법을 개정해, 칸막이를 다시 두는 글래스-스티걸법을 재도입하자는 주장을 하고 있다. 상업은행과 투자은행을 다시 나눠 위험도가 높은 투자로 생긴 위기가 상업은행으로 확산하는 것을 막자는 것이다.

또 워런 상원의원은 기업의 지배구조를 사회적 책임을 강화하는 방향으로 개편하는 것을 골자로 한 '책임 있는 자본주의법Accountable Capitalism Act'을 제정할 것을 제안하면서 기업은 '연방기업시민헌장The Federal Charter of Corporate Citizenship'을 준수할 것을 촉구하고 있다. 워런이 제안한 법안과 헌장 모두 그 기본 정신이 바이든이 주장한 주주자본주의의 종언과 이해관계자 자본주의의 도입과 궤를 같이 하고 있다는 점에 주목해야 한다. 워런은 '책임 있는 자본주의법'에 대한 제안서에서 주주 이익의 극대화는 어떤 비용을 치르더라도 미국의 최상위 부자들을 더 부자로 만들겠다는 것이라고 비판하고 미국의 대기업들은 기업시민헌장을 준수해 모든 이해관계자의 이익을 경영에 반영해야 한다고 강조했다.

미국 기업들은 대부분 기간에는 근로자, 고객, 거래 파트너, 그리고 주주를 포함한 모든 이해관계자의 이익을 균형 있게 반영하려 노력했다. 그러나 1980년대 들어 기업들은 기업의 정당하고 법적인 목적이 주주가치를 극대화하는 것임을 받아들였다. 1997년에 비즈니스 라운드테이블(미국 재계 단체)은 기업의 주요 목적이 기업의 주인인 주주에게 경제적 이익을 주는 것이라고 선언했다.

미국 기업의 이 같은 입장 변화는 미국 경제가 현재 본질적으로 안고 있는 많은 문제의 근본 원인이 되고 있다. 1980년대에 미국의 대기업들은 순익의 절반 이하 정도를 주주들에게 지급하고 나머지는 기업에 재투자했다. 그러나 지난 10년 동안 이들 대기업은 이익의 93%를 주주들에게 '헌납'했다.

이로 인해 근로자들에게 지급되거나 장기 투자에 쓰일 수 있는 수조 달러가 주주들에게 갔다. 주주가치 극대화 원칙이 나온 이래 근로자들의 생산성은 꾸준히 개선됐지만, 중위 근로자의 실질 임금 수준은 거의 변화하지 않았고, 국민소득 중 근로자 임금의 비중은 크게 떨어졌다. 미국 기업들은 만성적인 저투자 상태에 빠져들었고 외국 기업과의 경쟁에 직면하게 됐다.[2]

워런 상원의원의 주장을 상세하게 소개한 것은 주주자본주의의 문제를 바라보는 워런의 시선이 바이든 입장과 맥락이 같고 앞으로 바이든 행정부가 경제 정책의 방향을 잡아나가는 데 있어 워런의 발언권이 작지 않을 것으로 보이기 때문이다. 기업과

---

2   Elizabeth Warren(2020), 'Accountable Capitalism Act'

금융산업 규제에 대해 워런보다는 온건한 입장인 바이든은 대선 기간에는 이에 대한 구체적인 공약을 내놓지는 않았다. 또 중도층 표심을 공략하기 위해 당내 강경파와는 거리를 두는 모습을 보였다. 따라서 사안에 따라서는 바이든이 워런 등의 입장에 동조하지 않을 가능성도 있다. 하지만 주주자본주의를 끝내자는 데는 바이든과 민주당 주요 인사들이 인식을 같이하는 만큼 자본주의의 물줄기를 이해관계자 자본주의로 돌리기 위한 행보가 본격화될 것으로 예상된다.

프리드먼 독트린

지금 논란이 되고 있는 주주자본주의의 뿌리를 찾아가 보자. 자본주의 경제에서 기업의 목적은 무엇일까? 답은 단순해 보이지만, 조금 더 들여다보면 생각보다 단순하지 않다. 기업은 기본적으로 인력을 고용하고 자본재 등에 투자해서 시장이 필요로 하는 상품과 서비스를 공급하는 역할을 한다. 그렇다면 기업은 무엇을 목적으로 할까? 대부분의 경제학과 경영학 교과서는 기업을 이익을 극대화하는 조직으로 정의하고 있다. 실제로 그동안 기업의 존재 이유에 대한 이 명제는 이론, 제도, 시장 등을 통해 '불변의 진리'인 것처럼 지배적 논리로 자리를 잡아 왔다. 특히 자본시장에서는 시장의 기대치에 미치지 못하는 성장성과 수익성을 보인 기업에 대해서는 '주가 하락'과 경영진 퇴진 압박이라는 처벌 장치를 가동함으로써 기업이 단기 성과를 늘리는 데 주력하도록 해왔다. 결국 기업이 단기이익의 극대화를 자율적 또는 타율적인 목표치로 삼도록 해온 것이다.

하지만 기업의 목적이 무엇인가에 대한 답이 늘 같았던 것은 아니다. 시대에 따라 변해왔다. 시곗바늘을 거꾸로 돌려 1937년으로 가보자. 컨설팅 기업인 매킨지는 당시 기업은 그 자체의 수익성과 복지는 물론 미국 전체의 복지를 증진하는 것을 목표로 삼아야 한다고 강조했다. 사회의 복지도 기업이 챙겨야 한다는 주장이 있던 시절이었다. 80여 년 전인 이때도 기업의 사회적 책임에 관한 주장이 있었다.[3]

기업의 목적에 대한 논의에서 가장 큰 전환점이 온 시기는 1970년 9월 13일이다. 이날 자 뉴욕 타임스에 밀턴 프리드먼 시카고대학 경제학과 교수의 글이 실린다. 이 글의 제목은 '프리드먼 독트린, 기업의 사회적 책임은 이윤을 늘리는 것'이었다.[4] 이익 극대화만을 기업의 목적으로 규정한 '프리드먼 독트린'은 이후 기업 경영은 물론 국가의 경제운용 방식에 커다란 영향을 미친다.

---

3   McKinsey(2020.9.), 'From there to here: 50 years of thinking on the social responsiblity of business'
4   Milton Friedman(1970. 9. 13), 'A Friedman doctrine — The Social Responsiblity of Business Is To Increase Its Profits', New York Times

여기에서 '프리드먼 독트린'의 내용을 자세히 살펴보자.

　프리드먼은 기업의 사회적 책임을 강조하는 주장에 대해 매우 민감하게 반응한다. 그는 기업이 '사회적 양심'을 가지고 고용 창출, 차별 해소, 오염 방지 등 사회적으로 책임 있는 행동을 해야 한다고 하는 주장은 사회주의라고 깎아내린다. 이런 주장을 하는 기업인이 있다면 그는 자유 사회의 근간을 훼손하고 있는 지적 흐름의 꼭두각시에 불과하다고 지적한다. 프리드먼은 자유 기업 사회에서 기업의 책임은 가능한 한 돈을 많이 버는 데 있다고 주장한다.

　　자유기업과 사유재산 시스템에 있어서 기업 경영진은 기업 주인들에 의해 고용된 사람이다. 그는 주인에 대해 직접적인 책임을 지고 있다. 이 책임은 법과 윤리에 반영된 사회의 기본 규칙을 지키면서 가능한 한 최대한 많은 돈을 버는 것이다.

　이런 관점에 서 있는 프리드먼은 기업이 사회적 책임 활동에 대해 지출을 하면 그는 주주나 고객, 근로자의 돈을 쓰는 것이나 마찬가지라고 말한다. 이런 행위를 하는 기업인은 주인인 주주의 대리인이 아니라 사실상 공무원이 된 셈이라고 비판한다. 그는 '사회적 책임 독트린'은 시장이 아니라 정치적 메커니즘이 희소한 자원을 다른 목적에 사용되도록 하는 사회주의적 견해를 수용한 것이라고 주장한다. 프리드먼의 이런 주장은 요즘 기준으로 보면 극단적 입장에 가까워 보인다. 이젠 기업의 주요 목적 중 하나로 당연히 간주되고 있는 사회적 책임에 색깔론을 가져다 댄 것이어서다.

프리드먼의 주장은 그의 저서 『자본주의와 자유』에서도 되풀이되고 있다. 이 책에서 그는 경제적 자유와 정치적 자유를 위한 경쟁적 자본주의를 주창하며 정부의 권한을 제한하고 권력을 분산해야 한다고 주장한다.

> 자유인에게 국가란 구성원인 개인들의 집합체이지 개인 위에 군림하거나 개인을 초월하는 것이 아니다. 자유인은 공통의 유산을 자랑스러워하고, 공유하는 전통에 애착을 갖는다. 그러나 자유인은 정부를 수단이나 도구로 여길 뿐, 호의를 베풀거나 선물을 주는 시혜자로, 맹목적으로 숭배하고 봉사해야 할 주인이나 신이라고도 생각하지 않는다. 자유인은 시민들 각자가 헌신하는 목표들과 일치하는 경우를 빼고는 어떤 국가적 목표도 인정하지 않는다.[5]

---

5 밀턴 프리드먼(2002), 심준보·변동열 옮김, 『자본주의와 자유』, 청어람미디어

이 책에서도 그는 기업의 목적에 대해 뉴욕 타임스 칼럼에서 밝힌 '프리드먼 독트린'과 동일한 입장을 강조한다. 그는 기업의 임직원들이 주주들을 위해 되도록 돈을 많이 버는 것 말고 다른 사회적 책임을 받아들이는 것은 자유 사회를 근본적으로 흔드는 체제전복적 교리라고 여전히 '색깔론'을 들고나온다. 그는 특히 기업은 기업을 소유한 주주들의 도구일 뿐이라며 대학에 대한 기부행위조차 개별 주주들이 자신의 돈을 어떻게 쓸지 결정하는 것을 방해하는 행위라고 혹평한다.

> 기업경영자들과 노동조합 지도자들이 주주와 노동조합원들의 이익에 봉사하는 것을 넘어서는 '사회적 책임'을 지고 있다는 견해가 폭넓게 받아들여지고 있다. 이러한 견해는 자유경제의 성격과 본질을 근본적으로 오해하고 있다. 자유경제에서 기업이 지는 사회적 책임은 오로지 하나뿐인데, 이는 게임의 규칙을 준수하는 한에서 기업 이익 극대화를 위하여 자원을 활용하고 이를 위한 활동에 매진하는 것, 즉 속임수나 기망 행위 없이 공개적이고 자유로운 경쟁에 전념하는 것이다.

지금까지 살펴본 것처럼 시장 자유주의자인 프리드먼의 경제관은 경제에 대한 정부의 시장 개입을 최소화하고 시장 자율에 맡겨두는 상태를 가장 바람직한 자본주의 체제로 간주한다. 또 기업의 주인은 주주이며 기업은 주인인 주주의 이익을 극대화하는 게 존재의 목적이라고 규정한다. 프리드먼의 이런 시선은 하이에크에 이어 보수적 경제관의 큰 줄기를 이루게 된다. 하지만 널리 알려진 프리드먼의 주장 뒤에는 지금은 매우 당연하게 여겨지는 기업의 사회적 책임 활동을 적대적으로 바라보고, 심지어 '사회주의'라는 색깔론을 내세워 그 가치를 폄하했다는 점에서 그의 시선이 상당히 극단적임을 알 수 있다. 또 이게 프리드먼 독트린이 가진 한계이다.

신자유주의가 남긴 상처들

프리드먼의 '구舊자유주의적 입장'은 1970년대 후반과 80년대 초부터 마거릿 대처 영국 총리와 로널드 레이건 미국 대통령이 깃발을 든 '신新자유주의'로 이어진다. 잘 알려져 있다시피 신자유주의는 규제 완화, 부유층에 대한 감세, 글로벌화, 그리고 금융화, 민영화 등을 골격으로 글로벌 경제질서를 주도했다. 자본시장에서는 프리드먼의 주장대로 기업의 주인은 주주이며 기업의 목적은 주주가치를 극대화하는 것이라는 게 '지배 논리'로 자리잡았다. 이런 자본시장의 압박이 기업 경영을 압도했다. 신자유주의는 효율성을 앞에 내세우고 다른 가치를 희생시켰다.

물론 신자유주의 체제가 세계 경제에 온통 문제만을 가져온 것은 아니다. 시장 개방에 따른 국제 무역의 확대는 많은 사람을 절대 빈곤에서 구제했다는 평가를 받는다. 또 외국인 투자가 국경을 넘나들면서 개도국들은 선진 기업들로부터 기술과 노하우를 이전받아 경제를 개발해나갈 기회를 얻게 됐다. 국공영 기업의 민영화는 많은 경우 경영의 효율성을 높여 정부의 재정 부담을 줄여주기도 했다.

하지만 신자유주의가 반드시 작은 정부였던 것은 아니다. 깃발은 '정부 규모의 축소'였지만 상황과 필요성에 따라 부분적으로는 큰 정부의 영역에 발을 들여놓기도 했다. 대표적인 게 재정지출 확대에 따른 부채 증가이다. 신자유주의의 '원조'로 거론되는 레이건 미국 대통령은 소련과의 군비경쟁에 나서면서 국방비에 막대한 자금을 쏟아부어 세계 최대의 채권국이었던 미국을 최대 채무국으로 위상을 악화시켰다. 하우머치howmuch.net가 미 행정부별로 국가채무 증가액(실질치 기준)을 분석한 내용을 보면, '작은 정부' 간판을 내걸었던 레이건 행정부는 집권 8년 동안 국가채무를 무려 세 배 이상 늘려 증가액만 1조 8,600억 달러에 달했다.[6] 부시 대통령(43대)도 마찬가지다. 부시는 취임 초기 9·11테러 사태로 경제가 큰 충격을 받자 재정지출 확대 등 적극적인 부양 정책의

6   howmuch.net(2019.10.29.), 'How much the U.S. Debt Grow Under Each President?'

카드를 꺼내 들었다. 2008년에는 금융위기가 발생하자 정부와 중앙은행인 FRB를 가리지 않고 '헬리콥터'로 돈을 쏟아부었다. 그 결과 부시 집권 당시 부채 증가액은 실질치 기준으로 4조 5,500억 달러에 달했다.

신자유주의는 긍정적 결과보다 더 큰 상처를 세계 경제에 남겼다는 게 지배적 견해이다. 지난 2008년 서브프라임모기지 사태로 촉발된 금융위기가 그 깃발을 내리게 하는 '종점'이 됐다. 신자유주의는 성장 정체, 양극화 심화, 기후 변화 등 환경 훼손, 잦은 금융위기 등 큰 부작용을 가져왔다. 조셉 스티글리츠 미국 컬럼비아대학 교수는 "2차 대전 이후 25년 동안보다 성장률이 더 낮았고, 그나마 그 성장의 대부분 과실도 상류층에게 집중됐다. 40년 동안의 성장 정체와 상류층 이외 계층의 소득 감소를 고려할 때 신자유주의는 사망을 선언해야 한다"고 평가했다.[7] 실제로 신자유주의는 소득 분배를 악화시켜 지속 성장을 위한 기반을 훼손했다는 평가를 받고 있다. 중산층 가구의 소득이 정체된 반면, 소득 증가분이 부유층에 집중됨으로써 자본주의가 불공정한 체제임을 드러냈고, 이로 인해 대중의 지지를 상실했다는 것이다. 경제정책연구소 Economic Policy Institute가 2019년에 분석한 결

---

7   Joseph E. Stiglitz(2019. 5. 30), 'After Neoliberalism', Project Syndicate

과를 보면 1978년 이후 CEO에 대한 보상은 940%나 급증했지만, 근로자 임금은 12% 늘어나는 데 그쳤다. 폴 코리어 옥스퍼드대 교수는 '자본주의의 미래'에서 "영국에서는 지난 30년 동안 경영자의 보수가 같은 회사 노동자 보수의 30배였다가 150배로 높아졌다. 이것도 미국에 비하면 소소한 편이다. 같은 기간 동안 미국에서는 최고 경영자의 보수가 같은 회사 노동자 보수의 20배였다가 231배로 높아졌다"고 분석했다.

기업의 목적으로 주주가치 극대화를 내세운 주주자본주의 Shareholder Capitalism는 큰 비판에 직면해있다. 주가 상승, 배당, 자사주 매입 등을 통해 단기 주주 이익만을 극대화하는 기업 경영으로 직원과 거래업체 등을 희생시켜 양극화를 심화시키는 결과를 가져왔다는 것이다. 소득분배 악화에 대한 대중의 반발이 '월가를 점령하라 Occupy Wall Street' 같은 시위로 나타난 이유이다.

'분기 자본주의Quarterly Capitalism'의 그늘

　주주가 기업의 주인이고 기업의 목적은 주주가치를 극대화하는 데 있다고 보는 주주자본주의는 기업 경영을 왜곡시키고 경제 전반에도 부정적 영향을 가져왔다. 경영진들은 장기적 안목보다는 시장이 제시하는 단기 경영목표를 달성하기 위해 단기적 경영에 치중했다. 주가를 끌어올리고 배당이나 자사주 매입 등을 통해 현금을 주주들에게 지급하는 게 경영진에게 가장 중요한 현안이 됐다. 시카고 경영대학원의 라구아람 라잔 교수는 "주주가치를 절대적으로 우선시하는 경향은 경영진을 보호하기 위해 직원들을 희생시켜왔다. 이러한 악영향은 경영진에게 주식을 지급

하는 관행에 의해 더욱 악화해 왔다"고 비판했다.[8]

　　주주자본주의가 가져온 '단견短見의 경영'은 자본주의를 이른
바 '분기 자본주의'라는 기형적인 모습으로 왜곡해 왔다. 기업들
이 분기마다 자본시장이 '예상치'라고 제시하는 매출과 이익목표
를 초과 달성하기 위해 바짝 긴장해 달려가는 비정상적인 경영
을 '정상'인 것처럼 간주하는 상황이 지속돼왔다. 경영진은 시장
이 기대하는 목표를 달성하면 자리 안정은 물론 두둑한 보상이
주어졌고, 이 기대에 미치지 못하면 주가 하락 등 '자본시장의 저
주'에 직면해 언제 자리를 떠나야 할지 모르는 압박감에 시달려
왔다. 이런 문제와 관련해 매킨지의 전 런던사무소 매니저 피터
포이는 지난 2006년의 한 인터뷰에서 분기 자본주의의 문제점을
이렇게 꼬집었다.

　　비즈니스가 변화하는 방식에 대해 걱정이 많다. 위대한 기업을 만
　　들어 주주를 행복하게 하던 방식에서 분기마다 주주에게 봉사하는
　　방식으로 비즈니스가 변화했다. 모든 것이 바뀌었다. CEO에 대한
　　동기부여와 기업 그 자체 등 모든 것이 변화했다.

8　　Angus Deaton(2019. 3. 13), 'What's Wrong with Contemporary Capitalism?', New Europe에서
재인용

자본주의가 가진 문제들이 극명하게 드러난 때는 2008년의 금융위기였다. 빚을 내서라도 집을 사라는 '아메리칸드림'에 현혹된 미국인들은 그 뒤에 서브프라임모기지라는 문제투성이의 금융상품이 있었고, 이후 터진 서브프라임모기지 사태의 근본 원인이 어떻게든 이익을 많이 내려는 월가 금융기관의 탐욕 때문이었다는 사실을 뒤늦게 알게 됐다. 금융위기로 졸지에 일자리를 잃거나 집을 압류당한 많은 사람은 위기의 주범인 금융기관들이 또다시 '대마불사大馬不死'의 관대한 원칙에 따라 자신들이 낸 세금을 긴급 수혈받아 되살아나는 것을 지켜봤다. 심지어 가장 큰 책임을 져야 할 경영진들이 거액의 보너스를 챙기는 부도덕한 모습에 분노했다. 결과적으로 기업의 신뢰가 크게 떨어졌다. 컨설팅 기업인 딜로이트가 2019년 12월에 실시한 글로벌 밀레니얼 세대 조사 결과를 보면 기업을 긍정적으로 보는 비율이 3년 전의 76%에서 51%로 크게 낮아졌다. 특히 코로나19가 확산한 2020년 5월에 실시된 조사에서는 기업이 사회에 긍정적 영향을 미치고 있다고 응답한 비율은 41%에 불과했다. 기업에 대한 젊은 층의 신뢰 하락이 심각한 수준임을 보여주고 있다.

이에 앞서 글로벌 커뮤니케이션 기업인 에델만은 2011년에 기업 신뢰 조사를 실사했는데 당시에도 영국과 미국 기업의 신뢰도는 45%에 불과했다. 이는 중국(61%), 인도(70%), 브라질(81%)의 신뢰도보다 크게 낮은 수준이었다. 이 같은 분위기 속에서 2011년 3월에 나온 하버드 비즈니스 리뷰에 자본주의의 장기적 운용 Capitalism for the Long Term을 촉구하는 전문가의 글이 게재됐다.[9] 이 글에서 도미닉 바튼은 분기 자본주의를 최소한 5~7년을 내다보는 '장기 자본주의long-term capitalism'으로 개편할 것을 촉구하고 변화를 실현하기 위한 요소로 세 가지를 제시했다. 먼저 기업과 금융기관이 단기 지향성을 폐기하고 장기 관점을 갖기 위해 인센티브를 개편해야 한다는 것이다. 다음으로 경영진이 근로자, 거래업체, 고객, 지역사회 등 모든 주요 이해관계자에 봉사하는 관점을 갖는 것이 기업가치 극대화를 달성하는 데 필수적 요소임을 역설했다. 이와 함께 상장 기업들은 소유권 분산에서 오는 문제를 해결하기 위해 이사회가 회사의 주인인 것처럼 권한을 행사하도록 해야 한다고 주문했다. 바튼은 여기에서 장기적 기업 경영과 이해관계자 자본주의의 필요성을 동시에 언급했다.

그는 특히 단기 실적에 초점을 맞춘 기업 경영의 실상에 대해 심층 진단을 했다. 당시 기업이 분기 경영성과에 민감하게 반응하도록 압박한 요인 중 하나는 CEO 재임 기간의 단축이었다. 기업 경영 환경을 더욱 복잡다단해지는데도 CEO의 평균 재임 기간은

---

9 Dominic Barton(2011. 3), 'Capitalism for the Long Term', Harvard Business Review

1995년 이후 10년에서 6년으로 크게 짧아졌다. 경영진이 자신의 안위를 위해 단기 실적에만 집중하게 하는 환경이 만들어진 것이다. 문제는 이런 방식으로 그 가치를 극대화하려 했던 주주가 누구인가 하는 데 있다. 1970년대만 하더라도 주주들의 미국 주식 평균 보유기간은 7년 정도였다. 장기 투자자였다. 하지만 2011년 당시는 보유기간이 7개월로 크게 단축됐다. 특히 이들 중에는 주식을 수 초 정도만 보유했다가 차익을 보고 팔아치우는 '초스피드' 트레이더들이 있었다. 이들은 전체 미국 주식 거래량의 무려 70%를 차지했다. 결국 주식을 초단기 또는 단기 보유하는 주주들이 회사의 주인이라며 이들에게 돈을 벌게 해주기 위해 경영진들이 단기 경영을 하도록 압박하는 비정상적인 상황이 만연하게 된 것이다. 경영진이 분기 수익 목표를 달성하지 못하면 이들 투자자들은 경영진 퇴진을 요구하는 일이 비일비재했다.

이같이 척박한 여건 속에서도 단기 실적 목표치를 달성하라는 투자자들의 요구에 저항한 기업들도 있다. 유니레버와 코카콜라, 포드는 당시 분기 실적 지표 발표를 중단했으며 구글은 아예 그런 발표조차 하지 않았다. 또 IBM은 투자자들이 분기 실적이 아니라 장기적 관점에서 투자하도록 유도하기 위해 장기 수익 목표치 같은 로드맵을 제시하기도 했다. IBM의 CEO였던 샘 팔미사노는 이와 관련해 "판매관리비를 줄여 손쉽게 수치를 만들어

낼 수 있다. 하지만 그렇게 해서는 혁신을 할 수가 없다"고 소신 있게 경영 철학을 밝혔다. 이를 지지하는 투자자들도 있었다. 캐나다 연금 투자 이사회는 장기 투자를 지지했고, 워런 버핏은 자신의 주식 보유기간은 '영원히Forever'라고 말해 장기적 관점에서의 기업 경영을 지원했다.

1999년부터 2005년까지 휴렛 패커드의 CEO를 맡았던 칼리 피오리나는 2003년에 MIT 슬론 경영대학원 설립 50주년을 기념해 열린 학술대회에서 자신의 경험을 생생하게 증언했다.

지금과 같은 격동의 시대에는 항공기를 정확한 지점에 착륙시키기가 어렵다. 따라서 기업은 이따금 목표를 달성하지 못하기도 한다. 그리고 분기마다 숫자 놀음을 하고픈 유혹도 생긴다. 그러나 유혹을 물리쳐야 한다. 어떤 규제도 성실성을 대신하지 못한다.

개인적인 예를 하나 들어보겠다. 2000년 4분기에 목표를 달성하지 못했던 기억이 난다. 사실 해당 분기에 달성할 수도 있었지만 올바르지 못한 선택이 될 것이었다. 당시 나는 사임을 요구받는 등 주위에서 압력이 대단했다. 그러나 우리는 회사의 경영을 책임지는 사람이지 매스컴이나 애널리스트나 주주를 관리하는 사람이 아니다. CEO의 의무는 분기별 수익을 지키는 일이 아니라 회사를 지킴으

로써 몇몇 분기가 아닌 향후 10년간 지속가능한 가치를 제공하는 일이다.[10]

하지만 이는 예외적 경우에 그쳤다. 단기 실적 중심의 경영은 오히려 일반적인 추세가 되었다. 그런 만큼 그 폐해와 문제점을 경고하는 소리도 계속 이어졌다. 앨 고어 전 미국 부통령은 지난 2013년 '앨 고어, 우리의 미래'라는 저서에서 '단기주의Short-termism' 가 유행어가 됐고, 실제로 정치와 경제에서 단기 의사 결정이 훨씬 많이 이뤄지고 있다고 현실을 고발했다. 고어는 특히 단기적 이익에만 치중해 전체 경제의 건강성을 해치고 있는 분기 자본주의가 지속적인 장기 전략에 집중하려는 사람들에게 타격을 주고 있다고 진단했다.

분기 자본주의는 3개월 단위로 사업을 운영하면서 예산과 전략을 짤 때 분기별 개별 수입이 예상치나 시장기대치를 충족시키도록 집중하는 일반적 사업 방식을 말한다. 투자자와 경영주들이 초점을 맞추고 있는 '성장'의 정의가 지역사회의 건강과 복지, 근로자들의 건강, 사업 수행이 환경에 미치는 영향 등을 배제하고 있다면, 그들은 암묵적으로 진정한 성장이 지속할 수 없게 만드는 위험한 길을

---

10 코피아난·칼리 피오리나 외(2004), 「MIT 경영의 미래」, 국일 증권경제연구소

선택한 것이다.[11]

　지금까지 살펴본 것처럼 주주자본주의는 본질상 분기 자본주의로 불릴 정도로 단기 실적을 극대화하는 데만 초점을 맞췄다. 더구나 그 대상이 되는 주주 또한 짧은 기간 주식을 보유하는 단기 투자자였다. 단기 투자자에게 단기 실적으로 보상해주려는 분기 자본주의는 기업 경영을 왜곡하는 것을 물론 양극화 및 불평등 심화, 비정규직 증가, 환경 오염 등 커다란 부작용을 가져왔다.

11　앨 고어(2013), 김주현 옮김, 『앨 고어, 우리의 미래』, 청림출판

2

이해관계자
자본주의의 부상

- 고객들에게 가치를 전달하겠다.
- 근로자들에게 투자하겠다.
- 거래기업들을 공정하고 윤리적으로 대우하겠다.
- 지역사회를 지원하겠다.
- 주주들을 위해 장기적 가치를 창출하겠다.

미국 비즈니스라운드테이블(BRT)

미국 재계의
이해관계자 자본주의 선언

주주자본주의가 양극화 심화 등 구조적 문제를 악화시킴에
따라 이에 대한 반발의 목소리가 커져 왔다. 특히 대기업의 신뢰
도는 내림세를 지속해왔다. 갤럽의 조사 결과를 보면 대기업을
'매우 또는 상당히 신뢰한다'라는 응답 비율은 1997년의 28%에
서 2020년에는 19%로 크게 떨어졌다. 대조적으로 대기업을 '거
의 또는 아주 신뢰하지 않는다'라는 응답 비율은 같은 기간에

대기업에 대한 신뢰도(갤럽 조사)   (단위: %)

	매우 신뢰	상당히 신뢰	거의 신뢰 안함	신뢰 안함
2020년	7	12	33	3
2013년	9	13	31	2
1997년	11	17	24	3

27%에서 36%로 상승했다. 단기이익 추구로 기업의 신뢰도에 큰 금이 간 것이다.

이에 따라 최근 해외에서 '고장이 난 자본주의Broken Capitalism' 를 개혁하자는 논의가 본격적으로 진행돼왔다. 세계적 경제 매체인 파이낸셜타임스는 '자본주의, 리셋의 시간Capitalism: Time for a Reset' 이란 기획 시리즈를 하기도 했다. 라이오넬 바버 파이낸셜타임스 편집장은 기획 취지에 대해 이렇게 설명했다. "신자유주의 모델은 그동안 평화, 번영, 그리고 기술적 진보를 가져왔다. 그 결과 전 세계적으로 빈곤이 크게 줄고 생활 수준이 높아졌다. 하지만 글로벌 금융위기 이후 이익 극대화와 주주가치에 초점을 맞춘 신자유주의 모델 자체가 '긴장' 국면에 놓여 있다. 리셋할 때이다" 주주가치만을 중시하는 자본주의가 많은 부작용을 유발해 이젠 전체 판을 개편해야 할 때라는 말이다. 파이낸셜타임스에 앞서 역시 영국 미디어인 '더 가디언'도 '고장난 자본주의'라는 특집 시리즈를 2019년 4월부터 연재했다.

이들 미디어가 제기한 자본주의의 문제의 핵심은 기업에 단기이익 극대화를 압박하는 자본주의 시스템이 자본주의를 망치고 있다는 것이다. 주가를 끌어 올리기 위해 투자도 늦추고 임금도 억제하는 등 많은 문제를 일으켜 왔다는 것이다. 세계적 투자자인 워런 버핏과 제이미 다이먼 JP 모건 회장도 이런 문제의식에 공감했다. 이 두 사람은 월 스트리트 저널과의 인터뷰에서 "금융 시장이 기업의 단기이익에 초점을 맞추다 보니 장기적 전략과 성장, 지속가능성이 훼손되는 등 경제를 망치고 있다"고 비판하고 그 예로 기업들이 분기 이익을 맞추기 위해 기술, 고용, 연구개발에 대한 투자를 보류하는 것을 들었다. 이 두 사람은 특히 단기지향적인 자본시장이 장기적 관점에서의 기업 성장을 막아 경제의 혁신 기회를 가로막고 있다고 비판했다.[12]

이같이 단기적 이익을 중시하는 기업 경영에 대한 비판 여론이 높아지고 있는 가운데 미국 대기업의 CEO들이 마침내 주주 자본주의의 혁신을 요구하는 목소리를 내기 시작했다. 영향력 있는 미국 CEO 183명의 모임인 비즈니스라운드테이블BRT은 2019년 8월 주주 우선주의의 시대는 막을 내렸다고 이례적인 선언을 했다. BRT는 1978년 이래 '기업지배구조의 원칙Principles of Corporate Governance'에 대해 정기적으로 발표해왔는데 1997년 이후 발표된 원칙은 기업은 기본적으로 주주에 봉사하기 위해 존재한다는 주주 우선주의였다. 주가를 최대한 올리고, 배당이나 자사주 매입을 통해 주주들에게 '현금선물'을 하는 것을 기업의 목적으로 간

---

12 REUTERS(2018.6.7.), 'Buffet, Dimon say quarterly profit forecasts harming economy:WSJ'

주해왔다. 2012년에 BRT가 발표한 기업지배구조 원칙의 주요 내용을 소개하면 다음과 같다.[13]

첫째, 상장 기업 이사회의 가장 중요한 책무는 CEO를 선임하고 CEO와 경영진이 경쟁력 있고 윤리적인 방식으로 기업을 경영하는 것을 감독하는 것이다.

둘째, 경영진은 이사회의 감독 아래 주주에게 장기적 가치를 창출할 수 있도록 효과적이고 윤리적 방식으로 기업을 경영해야 하는 책무를 지고 있다.

...

여덟째, 기업은 장기 주주들의 전반적 이해와 관련된 이슈와 관심사에 대해 장기 주주들과 의미 있는 방식으로 소통해야 한다. 경영진과 이사회에 이 과정에 적절하게 참여해야 한다.

아홉째, 기업은 근로자, 고객, 거래업체 등을 공정하고 공평하게 상대해야 하며 최상의 수준의 기업 시민으로서 모범이 돼야 한다.

위 내용에서 잘 나타나듯이 미국 대기업들은 주주 이익을 최우선 목표로 간주해왔다. 2012년의 기업지배구조 원칙에만 해도 9개 조항 중 2개 조항, 즉 둘째와 여덟째 조항이 주주 이익을 강

---

13   Business Roundtable(2012), 'Principles of Corporate Governance 2012'

조하고 있다. 대조적으로 요즘 거론되는 근로자, 고객 등 이해관계자를 언급하는 대목은 맨 마지막 조항에 나온다. 내용도 큰 차이가 있다. 주주에 대해서는 '가치 창출' 등 이익 제공을 명시적으로 표명하고 있다. 반면, 근로자, 고객, 거래업체 등에 대해서는 공정하고 공평하게 상대하라는 모호하고 추상적인 말에 그치고 있다.

하지만 2019년에 큰 변화가 일어났다. BRT는 이때 그동안 유지해온 주주 우선주의 중심의 기업지배구조 원칙을 크게 개편한 새로운 원칙을 내놓았다. BRT는 2019년 8월 기업의 목적은 고객, 근로자, 거래기업, 지역사회, 주주 등 모든 이해관계자에게 봉사하는 것임을 선언했다. 이 내용에 중요한 변화가 포함돼 있다. 가장 눈여겨봐야 할 것은 기업이 중시해야 할 이해관계자 중 주주의 순위가 맨 앞에서 맨 뒤로 밀렸다는 점이다. 대신 고객을 맨 선두에, 근로자를 두 번째에 세웠다. 20여 년 동안 신자유주의의 기본 틀이 돼온 주주 우선주의에 대해 CEO들이 종지부를 찍고 이해관계자 자본주의를 선언한 것으로 큰 의미가 있다. BRT의 발표문 내용은 다음과 같다.

기업의 목적에 대한 성명

미국민들은 각 개인이 노력과 창의성으로 성공할 수 있고, 의미 있고 존엄한 삶을 살 수 있게 하는 경제를 가질 자격이 있다. 우리는 자유시장 시스템이 모두에게 좋은 일자리와 강하고 지속 가능한 경제, 혁신, 그리고 건강한 환경과 경제적 기회를 주기 위한 최선의 방식이라고 믿는다.

기업은 일자리를 만들고, 혁신을 촉진하고, 필수적인 상품과 서비스를 공급함으로써 경제에서 매우 중요한 역할을 한다. 기업은 소비재를 만들고 판매한다. 장비와 수송기기를 제조하고 국방을 지원하며 식품을 생산한다. 또 헬스케어를 제공하고 에너지를 생산해 보내며 경제 성장을 뒷받침하는 금융, 통신 등 서비스를 제공한다.

개별 기업들은 각각의 목적을 가지고 있지만, 우리는 모든 이해관계자에 대한 핵심적인 다짐을 공유한다. 우리는 이렇게 다짐한다.

- 고객들에게 가치를 전달하겠다. 고객의 기대에 부합하거나 그 기대를 넘어서는 것을 선도해온 미국 기업의 전통을 발전시켜 나가겠다.
- 근로자들에게 투자하겠다. 근로자들에게 공정하게 급여를 지급

하고 중요한 복지를 제공하는 것부터 시작하겠다. 빠르게 변화하는 세상에서 근로자들이 새로운 기술을 개발할 수 있도록 훈련과 교육을 통해 지원할 것이다. 우리는 다양성과 포용성, 존엄과 존경을 강화하겠다.

- 거래기업들을 공정하고 윤리적으로 대우하겠다. 우리가 과제를 수행하도록 돕는 크고 작은 다른 기업들에 좋은 파트너로서 헌신적인 태도를 보이겠다.

- 우리가 사업을 하는 지역사회를 지원하겠다. 지역 주민을 존중하고 기업 전반에 걸쳐 지속 가능한 관행을 포용함으로써 환경을 보호하겠다.

- 기업들이 투자하고, 성장하며, 혁신할 수 있도록 자본을 공급하는 주주들을 위해서는 장기적 가치를 창출하겠다. 우리는 투명성과 주주들과의 효율적 관계에 전념하겠다.

이해관계자 모두가 다 중요하다. 우리는 기업과 지역사회, 그리고 국가의 성공을 위해 이들 모두에게 가치를 전달할 것을 약속한다.

BRT 성명에 서명한 CEO에는 내로라하는 기업인들이 포함돼 있다. 아마존의 제프 베조스, 애플의 팀 쿡, AT&T의 랜달 스티픈슨, 베스트 바이이 코리 베리, 시티그룹의 마이클 코뱃, 딜로이트의 퍼닛 렌젠, 포드자동차의 제임스 해커트, 제너럴 모터스의 매리 바라, 골드만삭스의 데이비드 솔로몬, IBM의 지니 로메티, 매킨지의 케빈 스니더, 비자의 알프레드 켈리, 월마트의 덕 맥밀런 등 굵직굵직한 인사들이 이 성명에 서명했다. 이 성명을 주도한 BRT 회장인 제이미 다이먼 제이피모건체이스 회장은 "주요 기업들은 근로자와 지역사회에 투자해왔다. 이것이 장기적으로 성공하는 유일한 길임을 알기 때문이다. 이번 (기업지배구조) 원칙은 모든 미국인에게 봉사하는 경제를 향해 나아가겠다는 기업의 확고한 다짐을 반영하고 있다"라고 밝혔다. 기업지배구조 위원장을 맡았던 존슨앤존슨의 알렉스 고르스키 회장도 "새 원칙은 오늘날 기업이 할 수 있고 반드시 해야 하는 것을 반영하고 있다. CEO들은 모든 이해관계자의 필요에 부응할 것을 진심으로 다짐했다. 이는 사회를 개선하기 위해 기업들이 해야 할 본질적인 역할을 확인한 것이다. 새 선언은 무엇을 성취한 것이 아니다. 행동을 촉구하는 것"이라고 설명했다. BRT의 성명에 대해 다른 CEO들도 긍정적 반응을 보였다.[14] 프로그레시브의 트리시아 그리피쓰 회장은 "CEO들은 이익을 창출해서 주주들에게 가치를 주기 위해 일한다. 하지만 훌륭한 기업은 그 이상의 일을 한다. 그들은 고객을 가장 우선시하며, 근로자와 지역사회에 투자한다. 결국, 그게 장기적 가치를 쌓아가는 가장 좋은 방법"이라고 평가했다.

---

14 BRT(2019.8.19.), 'Business Roundtable Redefines the Purpose of a Corporation to Promote An Economy That Serves All Americans'

다렌 워커 포드재단 회장은 "놀라운 소식이다. 21세기에 기업들이 모든 이해관계자를 위해 장기적 가치를 창출하고 우리가 직면한 도전을 해결하는 데 초점을 맞추는 것은 어느 때보다 중요하다"고 BRT의 성명에 공감했다.

그러면 미국 재계는 왜 주주자본주의의 깃발을 내리고 이해관계자 자본주의 선언을 하게 됐을까? 외부 환경의 변화를 선제적으로 수용하는 게 바람직하다는 공감대가 미국 재계 안에 폭넓게 형성돼 이 같은 변화가 일어났다는 분석이 유력하다. '월가를 점령하라Occupy Wall Street'는 시위는 주주 이익을 중심으로 운영돼온 신자유주의에 대한 미국민의 반감을 반영하고 있었다. 같은 맥락에서 민주당 정치인들은 주주자본주의가 근로자들을 희생시키면서 부유한 투자자들에게 부가 더 집중되게 함으로써 소득 양극화를 더욱 심화시켰다고 강하게 비판하고 나섰다. 미국 재계는 이 같은 움직임이 '찻잔 속의 태풍'으로 머물지 않고 더욱 확산해나갈 것으로 보이자 변화의 필요성에 공감하고 이해관계자 자본주의의 새로운 깃발을 올린 것이다.

성명이 발표되자 이에 대한 반론도 적지 않게 제기되고 있다. 기관투자가 협회는 "모든 사람에 책임을 지겠다는 것은 누구에게도 책임지지 않겠다는 것이다. 장기 주주가치와 무관하게 사회적 책임을 어깨에 메고 가는 것은 정부지, 기업이 아니다"라고 비판했다. 또 실제로 기업 경영의 변화를 가져오는 데 아무런 영향을 주지 않는 '홍보용 선언'이라는 지적도 나오고 있다. 하지만 다른 한편에서는 영향력 있는 많은 CEO가 서명에 참여한 만큼 기업 운영의 목적을 바꾸는 일에 추진력이 생길 것이라는 기대를 갖게 하고 있다. 특히 BRT의 2019년 선언은 적어도 주주자본주의를 기업 스스로 부정하고 보다 폭넓은 기업의 목적을 천명했다는 점에서 그 의미를 부인할 수 없다. 남은 문제는 어떻게 공감대를 확신시키고 제도를 바꾸어 모든 이해관계자의 이익을 반영하는 기업 경영을 실현해 나갈 것인가에 있다.

90년간의 논쟁

기업지배 구조 논의의 출발점은 1930년대까지 거슬러 올라간다. 이때부터 기업의 목적에 대한 견해는 크게 두 개의 주장으로 나누어지기 시작했다. 당시 이삭 버를리는 기업은 주주가치를 극대화할 책임이 있다고 주장했다. 요즘 말하는 주주자본주의의 입장에 선 것이다. 반면, 메릭 도드는 기업의 책임은 모든 이해관계자의 이해를 조화시키는 것이라는 입장에 섰다. 이해관계자 자본주의와 같은 맥락이다. 두 개의 관점은 각자의 큰 줄기를 이루며 발전해나갔다.[15]

---

15 Peter Tunjic(2017. 1. 23), 'How Adam Smith Broke Capitalism?', Linkedin

이후의 논쟁 과정에서 중요한 분기점은 앞에서 얘기한 1970 년의 '프리드먼 독트린'이다. 프리드먼은 기업의 주인은 주주이며, 기업의 목적은 주인인 주주를 위해 최대한 돈을 많이 버는 것이라고 주장했다. 주주가치 극대화를 기업의 책무로 본 프리드먼의 견해는 1970년대 후반부터 본격화된 신자유주의 흐름과 만나면서 전 세계로 확산된다. 기업들은 주가 상승, 배당, 자사주 매입 등 방식으로 주주 이익을 제고하는 것을 존재의 목적으로 하고, 자본시장이 요구하는 대로 단기이익을 극대화하기 위해 모든 자원을 쏟아붓는다. 특히 주주의 대리인인 경영진이 주인인 주주들을 위해 최선을 다하게 하기 위해서는(즉, 도덕적 해이를 없애기 위해서는) 스톡옵션 등을 경영진에게 제공해 '주인과 대리인'의 이해를 일치시켜야 한다는 이론이 기업 경영과 자본시장에서 강력하게 작동했다. 경영진에 대한 보상이 하늘 높은 줄 모르고 치솟은 이유가 여기에 있다. 엄청난 보상이라는 '미끼'를 줘서 CEO가 주인인 주주에게 '충성'하게 하는 구조를 만든 것이다. 이런 흐름은 상당 기간 제동이 걸리지 않은 채 지속됐다.

　　하지만 자본주의 체제에 대한 비판과 대안 제시가 이후 잇따라 이뤄진다. 마이크로소프트 창업자인 빌 게이츠는 2008년 1월 스위스 다보스에서 열린 세계경제포럼 연설에서 세상의 위대한 진보가 때로는 세상의 불평등을 심화시켜왔다며 자본주의 시스템을 혁신을 촉구한다.

> 필요가 가장 덜한 사람이 가장 큰 진보의 혜택을 누렸고, 필요한 것
> 이 가장 많은 사람들, 특히 하루 1달러도 안 되는 돈으로 살아가는
> 수십억 명의 사람들이 가장 적은 혜택을 경험합니다. 이 세상에는
> 식량을 충분히 구하지도 못하고, 깨끗한 식수도 없고, 전기도 들어
> 오지 않는, 즉 우리가 당연하다고 여기는 것조차도 누리지 못하는
> 사람들이 약 10억 명 정도 있습니다.[16]

빌 게이츠는 부유한 사람을 위한 자본주의가 가난한 사람을
위해서도 작동하도록 '창조적 자본주의'를 대안으로 제시했다. 게
이츠가 말한 창조적 자본주의는 정부와 기업, 비영리 단체가 협
력하여 불평등을 완화하는 해법을 찾되 여기에 참여하는 기업
이나 단체도 이익을 얻고 사회적 인정도 받게 하자는 것이다. 기
부 같은 방식이 아니라 실제로 시장을 통해 작동하게 하자는 아
이디어이다. 세계보건기구WHO가 아프리카에서 뇌막염 백신 보급
을 확대한 방식이 대표적 사례이다. WHO는 백신 제조업체를 바
로 찾아가지 않았다. 먼저 아프리카로 가서 사람들이 백신에 대
해 돈을 얼마나 지불할 수 있는지를 파악했다. 조사 결과 태아의

---

16 마이클 칸슬리 엮음(2011), 김지연 옮김, 『빌 게이츠의 창조적 자본주의』, 이콘

건강을 위해 산모에게 백신을 접종하려면 가격은 1회당 50센트 미만이 돼야 하는 것으로 나타났다. WHO는 이 조사 결과를 토대로 이 가격대에 백신을 공급할 수 있는 업체를 찾았다. 인도의 세럼 인스티튜트가 1회당 40센트에 백신을 공급할 수 있는 방법을 찾아내 이 프로젝트에 참여했다. 게이츠가 제안한 '창조적 자본주의'는 주로 저개발국의 가난 해소에 초점을 맞춘, 즉 국가 간 또는 지역 간 불평등을 해소하기 위한 아이디어였다.

기업의 목적과 비즈니스 방식이 가져온 자본주의 문제점에 대한 중요한 분석과 대안 제시는 2011년 초에 이뤄진다. 경영 전략 분야에서 세계 최고 권위자로 평가받는 마이클 포터 하버드대학교 교수가 동료 교수인 마크 크레이머와 함께 '공유 가치Shared Value 창출'이라는 새로운 경영목표로 제안했다.[17] 포터 교수는 기업들이 공동체를 희생시키면서 단기이익을 추구해 사회적, 환경적, 그리고 경제적 문제를 일으키고 있다고 비판하며 이로 인해 기업의 신뢰도가 악화돼 경쟁력을 훼손하는 정책이 나오는 등 악순환에 빠져 있다고 진단했다. 포터 교수는 특히 그동안 기업들이 해온 사회적 책임 활동이 핵심 활동이 아니라 기업의 평판을 개선하기 위한 부수적인 성격을 띠고 있었다며 대안으로 사회와의 '공

---

17 Michael E. Porter·Mark F. Kramer(2011.1.), 'Creating Shared Value', Harvard Business Review

유 가치' 창출을 제시한다.

> 문제 해결의 열쇠는 공유 가치 원칙에 있다. 이는 사회적 가치를 창출하는 방식으로 경제적 가치를 창출하는 것을 포함한다. 기업은 기업의 성공과 사회적 진보를 다시 연결해야 한다. 공유 가치는 사회적 책임이나 자선, 심지어 지속가능성이 아니다. 경제적 성공을 성취하기 위한 새로운 방식이다. 공유 가치는 기업 활동의 주변에 있는 게 아니라 핵심에 있다.

포터가 얘기하는 공유 가치는 이해관계자 자본주의와 같은 맥락의 개념이다. 그는 기업의 목적은 이익 극대화가 아니라 공유 가치 창출이 돼야 한다며, 사회, 고객, 근로자, 젊은 세대 등의 요구를 고려한 새로운 개념의 자본주의를 세울 때라고 강조했다. 빈곤층에게 모바일 뱅킹 서비스를 제공하는 저가폰을 공급해 1,000만 명의 고객을 확보한 케냐의 보다폰, 포장을 줄이고 배달 경로를 줄여 경비 절감을 한 월마트, 물 소비량을 크게 줄인 코카콜라, 근로자들의 금연 활동을 지원하고 다양한 건강관리 제도를 도입해 헬스케어 비용을 낮춘 존슨앤존슨 등 기업이 공유 가치를 창출한 사례로 소개되었다. 이들 기업은 공유 가치를 창출하면서 양호한 성장성과 수익성을 기록하는 성과를 냈다. 포터의 주장은 기업의 평판 관리 등에 초점을 맞춘 '사회적 책임 활동CSR:Corporate Social Responsibility'이 가치 사슬 전반에서 사회적 가치를 창출하는 것을 경영의 핵심에 두는 '공유 가치 창출CSV:Creating Shared Value'로 전환돼야 한다는 것으로 이해관계자 자본주의가 지향하는 가치와 유사하다. 포터가 제안한 '공유 가치'는 이해관계자와 공유하는 가치 창출을 기업의 목표로 제시했다는 점에서 중요한 의미를 갖고 있다.

CSR과 CSV의 비교

CSR	CSV
가치: 좋은 일을 하는 것	가치: 경제적, 사회적 이익
시민정신, 자선, 지속가능성	기업과 공동체의 공동 가치 창조
이익 극대화와 별개의 활동	이익 극대화의 핵심 활동

포터의 '공유 가치' 개념이 나온 4년 후인 2015년부터 주주자본주의에 대한 중요한 반론이 나오기 시작했다. 주주자본주의가 기승을 부린 미국에 비해 상대적으로 이해관계자 자본주의의 문화가 강했던 유럽에서 주주자본주의에 반기를 드는 목소리가 나오기 시작했다. 2015년 유럽의회의 법사위원회는 주주가 기업의 주인이 아니며 주주는 단지 기업과 계약을 맺은 것이라는 입장을 공표했다. '프리드먼 독트린'을 정면으로 부정한 내용이다.

주주는 기업을 소유하고 있지 않다. 일반적 인식과 다르게 상장 기업은 투자자들의 소유가 아니다. 주주의 위치는 채권 보유자, 채권자, 그리고 근로자와 같다. 이들 모두는 기업과 계약을 맺은 것이지 주인이 아니다.

같은 해인 2015년에 G20와 경제협력개발기구^{OECD}는 6년 전인 1999년에 처음 내놓은 '기업지배구조 원칙^{Principles of Corporate Governance}'를 현실에 맞게 개정해 '2015년 판'을 발표했다. 1999년에 나온 지배구조 원칙은 주주자본주의와 이해관계자 자본주의를 절충해놓았다는 평가를 받았다. G20와 OECD는 2015년 개정판을 내게 된 동기에 대해 "기업지배구조가 잘 기능하도록 하는 기반은 높은 수준의 투명성과 책임, 이사회의 감독, 주주의 권리와 핵심 이해관계자의 역할에 대한 존중이라는 데 공감대가 만들어져 검토하게 됐다"고 설명했다. 2015년 판 기업지배구조원칙 제4장은 '기업지배구조에 있어 이해관계자의 역할'을 규정하고 있다. 여기에서 G20와 OECD는 기업의 경쟁력은 다양한 이해관계자와의 팀워크의 결과라는 점을 강조한다. 기업이 지속 가능한 성장을 하고 수익을 내는 데 있어 이해관계자의 참여가 중요하며, 이를 위해 기업은 이해관계자에게 투명하게 정보를 공개하는 게 중요하다는 점을 분명히 했다. 이 원칙은 기업 경영에 있어서 이해관계자의 역할에 대한 진일보한 인식을 담고 있다. 주요 내용은 아래와 같다.

기업지배구조는 법에 의해, 그리고 상호 합의에 의해 규정된 이해관계자들의 권리를 인정해야 한다. 또 부와 일자리, 그리고 재무적으로 건전한 기업의 지속가능성을 창출하는 데 있어 기업과 이해관계자들의 활발한 협력을 장려해야 한다.

기업지배구조의 핵심적인 측면은 주식과 신용의 형태로 기업으로 들어오는 외부 자금의 흐름을 확보하는 것과 관련이 있다. 기업지배구조는 또한 다양한 이해관계자들이 인적 및 물적 자본을 적절한 수준으로 기업에 투자하는 것을 장려하는 방법을 찾아내는 것과도 관련이 있다. 기업의 경쟁력과 궁극적 성공은 투자자, 근로자, 채권자, 고객, 거래기업, 그리고 다른 이해관계자들로부터의 기여를 포함하는 팀워크의 결과이다. 기업들은 이해관계자들의 기여가 경쟁력이 있고 이익을 내는 기업을 만드는데 소중한 자원임을 인식해야 한다. 따라서, 부를 창출하는 데 있어 이해관계자들 사이의 협력을 촉진하는 것은 기업의 장기적 이익에 부합한다. 기업지배구조는 이해관계자들의 이익과 기업의 장기적 성공에 대한 그들의 기여를 인정해야 한다.

이해관계자들이 기업지배구조에 참여하는 경우, 그들은 정기적으로 그리고 적절한 시기에 적합하고, 충분하고, 신뢰할만한 정보에 접근할 수 있어야 한다.

법률과 기업지배구조의 관행이 이해관계자들에게 참여기회를 제공할 경우, 중요한 점은 이해관계자들이 책임을 수행하는 데 필요한 정보에 접근할 수 있게 하는 것이다.

이런 흐름 속에서 기업 지배구조에 관한 새로운 움직임이 싹트기 시작한다. 앞에서 언급한 BRT 선언을 만들어 내기 위한 CEO들의 사전 작업에 본격 시동이 걸린다. BRT 선언을 주도했던 제이피모건체이스의 제이미 다이먼 회장은 2015년 버크셔해서웨이의 CEO인 워런 버핏에게 전화를 걸어 함께 새로운 기업지배구조 원칙을 만들자고 제안한다. 버핏은 이를 수락했고, 이 작업에 13명의 CEO가 참여했다. 이들은 1년여의 작업 끝에 2016년에 '상식적인 기업지배구조 원칙Commonsense Principles of Corporate Governance'을 공표했다. 당시 이 원칙은 미국 기업 지배구조의 새로운 표준을 설정했다는 평가를 받았다. 이어 2018년에는 21명의 CEO가 참여해 이 원칙을 업데이트한 '상식적인 기업지배구조 2.0'을 발표했다. 이에 대해 BRT는 '2.0 원칙'이 미국민을 위한 윤리적 표준과 장기적 경제가치 창출을 개선했다고 평가하면서 이를 환영했다. 소비자신뢰지수를 정기적으로 공표하는 컨퍼런스

보드도 개선된 원칙이 이해관계자의 장기적 이익을 위한 실행 방향을 제시했다고 긍정적으로 평가했다.

'상식적인 기업지배구조 원칙'과 뒤이은 '2.0 원칙'은 장기적으로 모든 이해관계자의 이익을 개선하기 위한 초석을 만들었다는 평가를 받고 있다.[18] 이 두 원칙에 공통적으로 포함된 항목을 일부 소개하면 아래와 같다.

- 이사회의 다양성을 장려한다. 다양한 이사들이 보다 좋은 결정을 내린다. 따라서 상호 보완적이고 다양한 스킬과 배경, 그리고 경험을 가진 이사들이 있어야 한다.
- 금융시장은 분기 수익 예측에 너무 집착하고 있다. 기업들은 분기 수익 기준을 제시해야 한다는 부담을 느낄 필요가 없다. 분기 수익 기준을 제시하는 게 주주들에게 이익이 된다고 판단하는 경우에만 그렇게 하면 된다. 제시한 수익 기준을 초과 달성하기 위해 단기적 의사 결정을 하는 것은 장기적으로 기업가치를 훼손하기에 십상이다.
- 이사 급여의 상당 부분은 주식이나 스톡옵션처럼 주식에 연계해

---

18 Hugh Grove·John Holcomb·Mac Clouse·Tracy Xu(2020), 'ANALYZING THE BUSINESS ROUNDTABLE STATEMENT ON THE PURPOSE OF CORPORATION AND LINKING IT TO A CORPORATE GOVERNANCE, Corporate Board:Role, Duties & Composition Volume 16, Issue

지급돼야 한다. 이사들의 목표가 주주의 목표와 일치하도록 이 비율을 50% 이상으로 유지할 것을 권고한다.

2016년에 나온 이 원칙에서 가장 눈에 띄는 점은 기업들이 단기 수익 위주의 경영을 하지 않도록 분기 실적 기준에 얽매이지 말라는 제안을 했다는 점이다. 단기적으로 이익을 극대화하라는 시장의 압력에 굴하지 말라고 권고한 것이다. 실제 이게 기업 경영 현장에서 얼마나 실천됐는지는 모르지만, 이 원칙은 CEO들 사이에 단기 실적주의에 대한 자성의 공감대가 있었음을 잘 보여주고 있다. 이 같은 내용의 '2016년 원칙'은 2년 후인 2018년에 '2.0 원칙'으로 이어진다. 이 '2.0 원칙'의 특징은 모든 이해관계자의 장기적 이익과 주주들을 위한 기업 투명성 제고를 강조했다는 데 있다. '2.0 원칙'에 새롭게 추가된 항목들은 다음과 같다.

- 이사들은 최소 3년 이상 일할 준비가 돼 있어야 한다.
- 포이즌 필과 적대적 인수합병에 대한 대비책은 주주 투표에 부쳐져야 하며 정기적으로 이사회에 의해 재평가돼야 한다.
- 자산 소유자는 기업과 자산운용 매니저와 소통할 때 건전하고 장기적인 기업지배 구조를 촉진해야 한다.

미국에서 '2.0원칙'이 나온 2018년에는 영국의 기업지배구조

코드THE UK CORPORATE GOVERNANCE CODE'도 기업 지배구조에 있어서 이해관계자의 중요성을 강조하기 시작한다. 영국 기업지배구조 코드는 장기적인 성공을 위해 기업과 이사회는 광범위한 이해관계자들과 성공적인 관계를 구축하고 유지해야 하며, 이는 이 관계가 존중, 신뢰 그리고 상호 이익에 근거했을 때 가능하다고 규정했다. 이해관계자 관련 내용은 '1장 이사회 리더십과 기업의 목적'에 나오는 데 주요 내용은 다음과 같다.

원칙Principles

A. 성공적인 기업은 성공적이고 기업가적인 이사회가 주도한다. 이사회의 역할은 기업의 지속 가능한 장기 성장을 촉진하고, 주주들에게 가치를 창출하며, 사회에 기여하는 것이다.

B. 이사회는 기업의 목적, 가치, 그리고 전략을 설정해야 하는데 이를 기업 문화와 일치시켜야 한다. 모든 이사는 성실하게 행동하고, 모범이 돼야 하며, 바람직한 문화를 촉진해야 한다.

D. 기업이 주주와 이해관계자에 대한 책임을 다하도록, 이사회는 이들과 효과적으로 소통하고 이들의 참여를 독려해야 한다.

조항 5

이사회는 기업의 다른 이해관계자의 견해를 이해해야 하며, 연례 보고서에서 이사회의 토의와 의사 결정 과정에서 이해관계자들의 이해가 어떻게 고려됐는지를 서술해야 한다.

지금까지 살펴본 것처럼 기업 경영에 있어 이해관계자의 이익이 중요하다는 인식을 담기 시작한 '상식적인 기업지배구조 원칙'은 2016년에 먼저 만들어졌고, 이는 2년 후인 2018년에 업데이트됐다. 또 같은 해에 영국의 기업구조 코드도 같은 맥락의 내용을 포함했다. 미국과 영국의 관련 원칙 또는 코드가 가진 공통점은 이해관계자를 존중하고 그들과 소통하는 데 있어 이사회의 역할을 중시했다는 점이다. 결국, 이 같은 논의의 진전은 2019년에 미국 재계 대표기관인 BRT가 이해관계자 자본주의 실천에 대한 성명을 발표하는 길을 열어주는 역할을 했다. 2019년 성명이 나오기까지 공감을 확산시키고 구체적 내용을 담기 위한 사전 작업이 상당히 진척돼온 것이다.

다보스 선언도
'이해관계자 자본주의'

이해관계자 자본주의와 관련해 중요한 점은 미국의 주요 대기업들이 주주자본주의에서 이해관계자 자본주의로의 전환을 주장했다고 해도 이게 실제 변화로 연결되는 데는 적지 않은 시간이 걸릴 것이라는 점이다. 몇몇 기업이 이러한 변화를 이뤄내는 것은 역부족이다. '시장의 복수'를 감당하지 못할 것이기 때문이다. 따라서 이해관계자 자본주의가 글로벌 무대에서 공론화돼 폭넓은 공감대를 형성하는 게 선행해야 한다.

이와 관련해 가장 적극적인 움직임을 보여온 곳은 글로벌 경제 이슈를 주도해온 세계경제포럼WEF이다. WEF는 1973년부터 기업 경영에 있어 이해관계자의 중요성을 강조해왔다. 그해 다보스 선언 '비즈니스 리더들을 위한 윤리 코드'는 "전문 경영인의 목적은 사회는 물론 고객, 주주, 근로자들에게 봉사하고 이해관계자의 다른 이해를 조화시키는 것"이라고 강조했다. '다보스 선언 1973'의 주요 내용이다.

A. 전문 경영인의 목적은 사회는 물론 고객, 주주, 근로자에게 봉사하고 이해관계자의 다른 이해를 조화시키는 것이다.

B. 1. 경영진은 고객에게 봉사해야 한다. 경영진은 고객의 필요를 만족시키고 고객에게 최상의 가치를 제공해야 한다. 기업 간의 경쟁은 고객이 최상의 가치를 받을 수 있도록 하는 일상적인 방식이다. 경영진의 목적은 새로운 아이디어와 기술적 진보를 상업적 상품과 서비스로 전환하는 것이다.

2. 경영진은 국채 수익률보다 높은 투자 수익률을 제공함으로써 투자자에게 봉사해야 한다. 높은 수익률은 자본비용에 리스크 프리미엄risk premium을 통합하기 위해 필요하다. 경영진은 주주의 수탁자trustee이다.

3. 경영진은 근로자에게 봉사해야 한다. 자유 사회에서 리더십은 근로자의 이익을 통합해야 한다. 특히 경영진은 고용의 지속성, 실질 임금의 개선, 그리고 근로 현장의 인간화를 보장해야 한다.

4. 경영진은 사회에 봉사해야 한다. 경영진은 미래 세대를 위한 수탁자 역할을 해야 하며, 유형, 무형의 자원을 적절하게 활용해야

한다. 또 경영과 기술 지식의 경계를 지속적으로 넓혀야 한다. 경영진은 지역사회가 그 목적을 달성하도록 기업이 지역사회에 적절한 세금을 납부하는 것을 보장해야 한다. 아울러 자신의 경험과 지식이 지역사회에서 활용되도록 해야 한다.

C. 경영진은 자신이 경영을 맡고 있는 기업을 통해 위에서 언급한 목적을 성취해야 한다. 이 때문에 기업의 장기 존속은 중요한데 이는 충분한 수익성 없이는 가능하지 않다. 따라서, 고객, 주주, 근로자, 그리고 사회에 봉사하기 위해 경영진에게 필요한 수단은 기업의 수익성이다.

이렇듯 기업지배구조 논의는 시간이 흐르면서 주주에만 초점을 맞춘 시각에서 이해관계자를 중시하는 쪽으로 무게중심이 점차 이동해왔다. 1970년 밀턴 프리드먼은 기업은 주인인 주주를 위해 가능한 많은 돈을 버는 것을 목적으로 삼아야 한다는 프리드먼 독트린을 발표했다. 3년 후인 1973년에 클라우스 슈밥 WEF 회장은 다보스 선언을 통해 기업 경영진은 이해관계자에 봉사해야 한다고 프리드먼과 다른 의견을 내놓았다. 2015년에 유럽의회는 기업의 주인은 주주가 아니며 기업은 근로자, 채권 보유자 등과 계약을 맺은 것이라며 프리드먼 독트린을 부정했다. 이런 흐름 속에서 2016년과 2018년에는 잇따라 미국 재계 BRT의 핵심 CEO들이 이해관계자의 장기적 이익을 위한 실행 방향을 담은

'상식적인 기업지배구조 원칙'을 발표했다. 마침내 2019년 8월에 BRT는 기업의 목적은 고객, 근로자, 거래기업, 지역사회, 주주 등 모든 이해관계자에게 봉사하는 것임을 천명하면서 주주자본주의의 종언을 선언했다.

이해관계자 논의가 본격화되자 WEF는 2019년 12월에 '다보스 선언 2020: 4차산업혁명에 있어서 기업의 보편적 목적'을 내놓는다. 이 선언은 기업의 목적이 이해관계자의 이익을 반영하는 것임을 보다 명시적으로 규정하고 이를 실행하기 위한 구체적 제언을 담았다. ESG(환경, 사회, 지배구조) 목표, 지속 가능한 가치 추구, 신뢰할만한 디지털 생태계, 데이터의 윤리적 사용, 공정 경쟁 등 장기적 가치 창출을 위한 중요한 원칙을 포괄했다. 특히 '기업 시민'이라는 개념을 부각시켰다. '기업 시민'은 기업도 일반 시민처럼 개별적인 이해를 사회의 공유된 이해와 일치시켜야 한다는 철학을 담고 있다. '다보스 선언 2020'은 이와 함께 기업의 성과는 주주에 대한 수익뿐만 아니라 ESG 목표를 어떻게 달성하고 있는가에 의해 측정돼야 한다고 밝혀 이해관계자에 대한 책임을 분명히 했다. 특히 경영진의 보수에 이해관계자에 대한 책임이 반영돼야 한다는 점을 강조해 이해관계자를 존중하는 기업 경영을 '모범답안'으로 제시했다. 아래는 '다보스 선언 2020'의 내용이다.

A. 기업의 목적은 지속 가능한 가치 창출에 모든 이해관계자를 참여 시키는 것이다. 이 같은 가치 창출 과정에서 기업은 주주뿐만 아니라 근로자, 고객, 거래기업, 지역사회 그리고 사회 전반에 봉사해야 한다. 이해관계자들의 다양한 이익을 이해하고 조화시키는 최선의 방법은 기업의 장기적 번영을 강화하는 정책 및 결정에 대한 약속을 공유하는 것이다.

iA. 기업은 고객의 필요를 충족시키는 가치를 제안함으로써 고객에 봉사한다. 기업은 공정 경쟁과 '평평한 운동장'을 수용하고 지지한다. 또 부패에 대해서는 무관용의 원칙을 적용해야 하며 신뢰할만한 디지털 생태계를 유지한다. 기업은 부정적 외부효과 등을 포함해 제품과 서비스의 기능 전체에 대해 소비자가 이해하도록 한다.

iiA. 기업은 근로자들을 품위 있게, 그리고 존중하는 마음으로 상대해야 한다. 또 다양성을 중시하고, 근로 조건과 근로자 복지 향상을 위해 지속적으로 노력한다. 빠르게 변화하는 세상에서 기업은 지속적인 기술 교육을 통해 고용의 지속성을 강화한다.

iiiA. 기업은 가치 창출에 있어 거래기업을 진정한 파트너로 삼는다. 새로운 시장 진입자에게 공정한 기회를 제공하고, 공급사슬 전반에 있어 인권을 존중한다.

ivA. 기업은 경영을 통해 사회에 봉사하고, 지역사회를 지원하며, 공정한 몫의 세금을 부담한다. 또 안전하고, 윤리적이며, 효율적인 데이터 사용을 보장한다. 기업은 의식적으로 생태계를 보호하고, 순환하고 공유하며 재생하는 경제를 옹호한다. 아울러 지속적으로 사람들의 복지를 개선하기 위해 지식 혁신과 기술의 경계를 확장한다.

vA. 기업은 주주에게 투자 수익률을 제공하는 데 이 수익률은 기업의 리스크와 지속적인 혁신과 지속 가능한 투자의 필요성을 반영한다. 기업은 지속 가능한 주주 수익을 추구하는 데 있어 단기적, 중기적, 장기적 가치 창출을 책임 있게 관리한다. 주주 수익을 추구하는 과정에서 현재를 위해 미래를 희생시키지 않는다.

B. 기업은 부를 창출하는 '경제 단위' 이상의 역할을 한다. 기업은 광범위한 사회 시스템의 일원으로서 인간적인 그리고 사회적인 열망을 충족시킨다. 기업의 성과는 주주에 대한 수익만으로 측정돼서는 안 된다. 기업이 환경, 사회, 지배구조 목표를 어떻게 달성하는지도 고려돼야 한다. 경영진 보수는 이해관계자에 대한 책임을 반영해야 한다.

C. 다국적 활동을 하는 기업은 직접 관련된 모든 이해관계자에 봉사

하고, 기업 스스로도 정부 및 시민 사회와 함께 미래 세계의 이해 관계자로 행동한다. 글로벌 기업 시민은 더 나은 세상을 만들기 위해 다른 기업 및 이해관계자들과 협력하여 자사의 핵심 역량, 기업가 정신, 스킬, 그리고 적절한 자원을 활용한다.

슈밥 WEF 회장은 다보스 선언을 발표하면서 주주자본주의가 기업이 이윤을 추구하는 법인일 뿐만 아니라 사회적 조직임을 잊었다고 지적했다. 그 결과 기업이 실물 경제에서 점점 괴리돼 주주자본주의가 지속가능하지 않은 것으로 많은 사람이 생각하게 됐다는 것이다. 슈밥은 주주자본주의가 지속가능하지 않은 이유로 '그레타 썬버그 효과Greta Thunberg effect'를 언급했다. 스웨덴의 활동가인 그레타 썬버그는 주주자본주의는 환경을 지속 가능하지 않게 해 미래 세대를 배신하고 있다고 비판해왔는데 이게 중요한 사실을 일깨워줬다는 것이다. 슈밥은 이와 함께 밀레니얼과 Z세대가 주주 가치 극대화를 뛰어넘는 가치를 가지고 있지 않은 기업을 위해 일하거나, 그 기업에 투자하거나, 그 기업으로부터 물건을 사고 싶어 하지 않는다는 점을 언급했다.

이렇듯 이해관계자 자본주의는 기후 변화, 양극화 심화 등 사회적 문제에 대해서도 기업이 '기업 시민'으로서 문제 해결에 동참하는 것을 포함하고 있다. 이와 관련해 한 가지 눈여겨볼 사례는 지난 2019년 1월에 세계경제포럼이 컨설팅기업인 프라이스워터하우스 쿠퍼스^{PWC}와 공동으로 내놓은 '이사회 기후지배구조 Climate Governance on Corporate Boards 원칙'(기후 원칙)이다. 기후 원칙이 나오게 된 배경은 기후 변화와 기업 경영이 점점 더 밀접한 관계가 돼가고 있다는 인식에 데 따른 것이다. 다시 말해, 기업의 의사 결정과 경영 활동이 기후 변화를 완화하거나 또는 악화시키고, 거꾸로 기후 변화가 기업에 리스크가 되거나 기회를 제공하는 식으로 서로 맞물려 가고 있었기 때문이다. 환경 기업인 세레스의 연구 결과를 보면, 지난 2017년에 S&P 500 기업 중 50개가 넘는 기업이 기후 문제가 수익에 부정적인 영향을 미쳤다고 공시했다. 게다가 기후와 관련된 이슈로 공급 체인에 혼란이 생긴 사례가 2012년에서 2019년 사이에 29%나 늘어났다. WEF와 PWC는 기후 지배구조가 좋은 지배구조를 만드는 데 핵심 요소라고 판단하고 이사회에 대해 유용한 안내 지침을 공표했다. 기업이 기후 변화 문제를 완화해가는 사회적 책임을 수행하는 데 있어서 이사회의 역할이 중요하다고 본 게 이들 기관의 판단이다. 기후 지배구조는 모두 8개 원칙으로 구성돼 있는데 그 내용은 다음과 같다.

원칙 1 이사회의 기후 책임

이사회는 기업의 장기적 운영과 관련해 주주들에게 궁극적으로 책임을 진다. 따라서 이사회는 기후 변화가 가져올 수 있는 기업 환경의 잠재적 변화에 대한 기업의 장기적 회복 탄력성에 대해 책임이 있다. 이를 실행하는 데 실패하면 이사회의 의무를 위반하는 것이다.

원칙 2. 기후 주제의 지휘
이사회는 기후 관련 위협이나 기회를 인식하고 이해해 효과적으로 토의하고 의사 결정을 할 수 있도록 다양한 지식, 스킬, 경험 그리고 배경을 가진 이사들로 구성돼야 한다.

원칙 3. 이사회 구조
장기적 성과와 회복 탄력성의 관리자로서, 이사회는 기후에 대한 고려를 이사회 구조와 위원회에 효과적으로 반영할 수 있는 방법을 결정해야 한다.

원칙 4. 실체적인 위험과 기회 평가
이사회는 경영진이 지속적으로 기업에 대한 기후 관련 위험과 기회의 단기적, 중기적, 그리고 장기적 중요성을 평가하도록 해야 한다. 이사회는 더 나아가 기후에 대한 기업의 행동과 반응이 기후의 중요성에 비례하도록 해야 한다.

원칙 5. 전략적 그리고 조직적 통합

이사회는 기후 문제가 전략적 투자 계획과 의사 결정 과정에 체계적으로 영향을 미치고, 기업 전반에 걸친 위험과 기회 관리에 반영되도록 해야 한다.

원칙 6. 동기 부여

이사회는 경영진에 대한 인센티브가 기업의 장기적 번영을 촉진하도록 조율해야 한다. 이사회는 경영진에 대한 인센티브 계획을 수립할 때 기후 관련 목표와 지표를 포함하는 것을 고려할 수 있다. 이사회는 비상임 이사에게도 인센티브를 제공하는 것이 일반적인 상황에서는 유사한 방식을 고려할 수 있다.

원칙 7. 보고 및 공시

이사회는 기후 관련 구체적 위험, 기회 그리고 전략적 결정이 일관되게 그리고 투명하게 모든 이해관계자(특히 투자자와 규제당국자)에게 공시되도록 해야 한다. 이 같은 공시는 연례 보고서 같은 재무 서류를 통해 이뤄져야 하며, 재무적 보고서와 같은 공시 지배구조를 따라야 한다.

원칙 8. 의사 소통

이사회는 방법론을 원활하게 공유하기 위해 동료 이사, 정책 당국자, 투자자, 그리고 다른 이해관계자와 정기적으로 소통해야 한다.

이사회는 또 기후 관련 가장 최신의 리스크와 규제에 의해 부여된 의무 사항들을 잘 알고 있어야 한다.

이렇듯 점점 세勢를 얻어가고 있는 이해관계자 자본주의는 본질적으로 보면 마이클 샌델이 『정의란 무엇인가』에서 역설한 '정의'와 맥락을 같이 하고 있다.

정의로운 사회는 단순히 공리功利를 극대화하거나 선택의 자유를 확보하는 것만으로는 만들 수 없다. 좋은 삶의 의미를 함께 고민하고, 으레 생기기 마련인 이견을 기꺼이 받아들이는 문화를 가꾸어야 한다...사회적 행위를 시장에 맡기면 그 행위를 규정하는 규범이 타락하거나 질이 떨어질 수 있기에, 시장이 침입하지 못하도록 보호하고 싶은 비시장 규범이 무엇인지 물을 필요가 있다. 이를 위해서는 (공동)선의 가치를 측정하는 올바른 방법을 놓고 공개 토론을 벌여야 한다. 시장은 생산 활동을 조직하는 데 유용한 도구다. 그러나 사회제도를 지배하는 규범을 시장이 고쳐쓰기를 원치 않는다면, 시장의 도덕적 한계를 공론에 부칠 필요가 있다.[19]

주주 가치만을 추구하는 시장의 폐해에 제동을 걸기 위해 언

---

19 마이클 샌델(2014), 김명철 옮김, 『정의란 무엇인가』, 와이즈베리

급되고 있는 이해관계자 자본주의는 샌델이 얘기하는 '공동선'을 추구하는 장치로 볼 수 있다. 여러 경제 주체 중 주주만을 중시 하는 게 아니라 경제 전체를 '공동체'로 보고 '좋은 삶의 의미'를 함께 고민해 갈 수 있는 틀인 것이다.

3

ESG와
이해관계자 자본주의

이해관계자에게 봉사하고 기업의 목적을 수용하는 것은
기업이 사회에서 자사의 역할을 이해하는 방식에 있어
점점 더 핵심적 요소가 되고 있다. 기업의 목적을 포용하고
광범위한 이해관계자의 이해를 고려하지 않고서는
기업은 장기적 수익성을 달성할 수 없다.

래리 핑크 블랙록 회장

모범적인 사례들

이해관계자 자본주의는 아직 갈 길이 멀다. 공감대가 넓어지고 있지만, 더 많은 논의 과정이 있어야 한다. 또 이해관계자를 존중하는 기업 경영 성과를 어떻게 측정하고 공시하며 평가할지, 그리고 이를 어떻게 제도화해 착근시킬 것인지 등 세부적인 이슈들이 상당히 많다. 하지만 목표 지점에 대한 공감 폭이 커질수록 이를 먼저 실행으로 옮기는 선두주자들이 나타나고 이게 자본주의를 사회와 공감하는 새로운 모습으로 개혁하는 동력으로 작용할 것으로 보인다.

지난 2014년 미국 뉴잉글랜드의 슈퍼마켓 체인인 마켓 바스켓에서 일어난 일은 이해관계자 자본주의의 한 단면을 잘 보여주고 있다. 당시 가족 회사인 마켓 바스켓의 이사회는 CEO인 아서 데몰레스를 해고했다. 그러자 의외의 일이 일어났다. 근로자와 소비자들이 이사회의 결정에 크게 반발했다. 근로자들은 배달을 거부하며 항의 시위에 나섰고, 정치인들도 이사회를 비난했으며, 소비자들도 불매 운동에 들어갔다. 왜 이런 일이 일어났을까. 아서 데몰레스의 사업 방식이 이해관계자 모델이었기 때문이다. 클린턴 행정부에서 노동부 장관은 역임했던 로버트 라이시는 저서 '자본주의를 구하라'에서 데몰레스를 이렇게 평가한다. "그는 경쟁사보다 제품 가격을 낮추고 직원에게는 급여를 인상해주고 직원과 관리자에게 더 많은 권한을 위임했다. 축출되기 전에는 고객에게 4% 추가 할인을 제공하면서 고객이 주주 이상으로 혜택을 누릴 수 있다고 주장했다. 즉, 데몰레스는 기업을 주주뿐만 아니라 고객 모두가 이익을 취해야 하는 공동기업으로 보았고, 결국 이러한 태도 때문에 이사회에 의해 해고됐다"[20] 결과는 근로자와 소비자의 승리였다. 불매 운동으로 큰 손실을 본 마켓 바스켓의 이사회는 회사를 아예 데몰레스에게 매각했다. 주주뿐만 아니라 근로자, 소비자, 지역사회를 중시한 데몰레스의 이해관계자 모델이 빛을 본 것이다.

---

20   로버트 라이시(2016), 안기순 옮김, 『자본주의를 구하라』, 김영사

이해관계자 자본주의에 있어 가장 중요한 이슈 중의 하나는 기업의 신뢰도이다. 글로벌 고객관계관리CRM 업계의 선도 기업인 세일즈포스가 최근에 발표한 '연결된 고객 현황State of the Connected Customer'은 이를 잘 보여주고 있다. 이 보고서는 1만 5,000명이 넘는 소비자와 기업 구매자를 대상으로 소비자의 기대와 행동의 변화를 분석한 내용을 담고 있다. 조사 결과를 보면 '기업의 신뢰도가 일 년 전보다 더 중요해졌다'라는 응답 비율은 2019년의 73%에서 2020년에는 82%로 높아졌고, '기업이 신뢰를 얻기는 어렵다'라는 비율도 54%에서 61%로 상승했다. 또 '기업이 진실을 얘기한다고 믿지 않는다'(42%), '기업이 사회의 최선의 이익을 염두에 두고 행동한다고 믿지 않는다'(41%) 등으로 나타났다. 특히 중장년층인 베이비부머와 젊은 층인 Z세대가 다른 세대에 비해 더 비판적인 의견을 나타냈다. 이 조사에서 소비자들이 특정 기업 제품을 구매할지를 결정할 때 고려하는 요소는 응답 비율이 높은 순으로 팬데믹 기간 중 고객(85%) 및 근로자(82%)에 대한 태도, 환경 문제 대응(78%), 경제적 불평등에 대한 대응(76%), 지역사회 참여(72%) 등이었다. 이 조사 결과는 소비자들이 기업의 사회적 역할을 중시하고 있으며, 특히 젊은 층인 밀레니얼 세대와 Z세대는 기업이 노동, 환경 등 영역에서 더 많은 사회적 책임을 수행하는 역할을 해줄 것을 기대하고 있음을 보여주었다. 세일즈포스의 이 보고서는 고객, 직원, 거래 파트너, 지역사회 등 다양한 이해관계자를 중시하는 이해관계자 자본주의가 소비자의 구매 결정에서도 핵심적인 역할을 할 것이라고 내다봤다. 소비자들이 상품이나 서비스를 구매할 때도 이미 이런 관점에서 기업을 바라보고 있는 것이다.

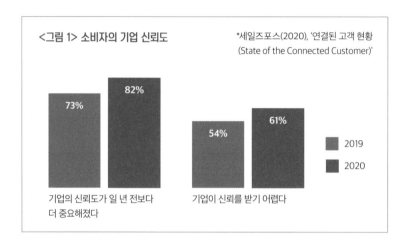

일각에서는 미국 주요 기업인들의 이해관계자 자본주의 선언이 기업에 쏠리는 비판을 피하기 위한 선제 대응이라는 지적도 있다. 하지만, 실제로 일부 기업들의 보폭에 변화가 생기고 있다. 대표적인 기업이 마이크로소프트다. 마이크로소프트의 CEO인 사티아 나델라는 이해관계자 자본주의를 지지하는 핵심 인사 중한 명이다. 나델라는 "기업의 목적이 사회의 신뢰를 얻는 가장 강력한 방법"이라며 "신뢰가 중요하기 때문에 기업의 목적을 비즈

　　　　　　　　　　　　　　　　　이해관계자 자본주의

니스 모델의 핵심에 두고 있다"고 밝혔다. 그는 특히 단지 주주들을 위해 이익을 내기보다는 사회와 지구가 직면한 문제들에 대해 수익성 있는 해법을 찾는 게 중요함을 강조하고 있다. 기업의 성공 여부는 기업 내부의 이익보다는 기업을 둘러싸고 있는 외부를 향해 창출해낸 이익에 의해 측정돼야 한다는 것이 나델라의 주장이다. 이런 맥락에서 이미 2012년에 이산화탄소 배출량 '0'을 뜻하는 '탄소 중립'을 달성한 마이크로소프트는 2030년까지 탄소배출 마이너스(-)를 이루겠다는 목표를 제시했다. 탄소 흡수량이 탄소 배출량보다 더 많은 상태를 실현하겠다는 것이다. 마이크로소프트는 2019년 초에도 본사가 있는 시애틀 지역에 5억 달러를 투자해 주택을 공급한 적이 있다. 이 같은 조치는 테크 대기업의 성장으로 시애틀 지역의 집값이 급등해 일반 근로자들이 주택 확보에 애를 먹고 있는 주거의 양극화를 해소해주기 위한 것이었다.

마이크로소프트처럼 기후 변화 이슈에 적극적으로 대응하는 기업들이 적지 않다. 구글, 페이스북 등 테크 대기업을 포함한 25개 미국 기업은 지난 2017년에 미국 정부가 파리기후변화협약에서 탈퇴하는 것에 반대하는 운동에 참여했다. 전 세계적으로 232개 기업이 이산화탄소 배출량을 줄이겠다고 약속했으며 많은 대기업이 탄소 중립인 '넷제로'를 선언하며 이를 위해 대규모 투자에 나서고 있다.

중요한 흐름으로 자리잡은 ESG(환경, 사회, 지배구조)와 기업들의 활기를 띠고 있다. 구글은 '구글 교실Google Classroom'을 포함한 교육 소프트웨어를 무료로 공급하고 있다. 이는 교사들이 보다 용이하고 효율적으로 학습을 지도하는 것을 도울 뿐만 아니라 학생들이 구글 애플리케이션에 익숙해지도록 하고 있는데 컴퓨터 접근이 어려운 저개발 지역의 학생들에게 큰 도움이 되고 있다는 평가를 받고 있다. 구글은 또 취약 계층을 해칠 가능성이 있는 비즈니스에 대해서는 제재를 하고 있다. 구글플레이가 약탈적 대출, 즉 터무니없이 높은 수준의 금리를 물리는 개인 대출 앱을 금지시킨 게 대표적 사례이다. 근로자들의 압박으로 기업의 바람직하지 못한 비즈니스가 중단된 경우도 있다. 구글의 근로자들은 구글이 드론을 이용한 기습공격에 쓰이는 인공지능 기술을 미 국방부에 납품하는 것을 중단시키기도 했다. 세일즈포스의 직원들은 자사 소프트웨어가 불법 이민자에 대응하기 위한 용도로 국경 수비대에 공급되는 데 대해 반발하기도 했다.

일부 기업들은 사회 이슈에 대해서도 적극적인 목소리를 내왔다. 대표적인 기업은 나이키. 나이키는 지난 2018년 9월에 대표 슬로건인 '저스트 두잇Just Do It' 30주년을 기념해 미국 사회의 이

목을 집중시킨 광고를 내놓았다. 이 광고에는 프로풋볼팀인 샌프란시스코 포티나이너스[49ers]의 콜린 캐퍼닉 선수가 모델로 기용됐다. 캐퍼닉은 경찰의 흑인 과잉 진압에 항의해 경기 시작 전에 국가 제창을 거부하고 무릎을 꿇는 퍼포먼스를 시작한 선수로 이후 이 퍼포먼스가 프로야구 등 다른 스포츠로도 확산됐다. 나이키가 광고에 캐퍼닉 선수를 모델로 쓴 것은 기업 스스로 사회 이슈에 대한 논란의 중심으로 들어가는 결정이었다. 나이키뿐만이 아니다. 페이팔은 백인 민족주의자를 포함한 일단의 그룹들이 자사 서비스를 이용하는 것을 막았다.

2020년 초부터 시작된 팬데믹은 이해관계자 자본주의를 판별하는 리트머스 시험지 역할을 한 것으로 지적되고 있다.[21] 코로나19 사태 속에서 기업이 어떤 의사 결정을 하는지를 보면 이해관계자를 중시하는 경영을 하고 있는지를 알 수 있다는 얘기다. 몇 가지 사례를 들어보자. 먼저 지난 수년 동안 증가하는 이익을 자사주 매입에 써온 기업의 경우다. 이익을 이렇게 써버리는 바람에 이들 기업은 전략적 현금 비축이나 투자가 부족했고, 이로 인해 팬데믹 속에서 제일 먼저 어려움에 직면해있다. 지난 10년 동안 프리 캐시 플로우의 95%를 자사주 매입에 지출한 대형 항공

---

21 Klaus Schwab(2020. 3. 25), 'COVID-19 is a litmus test for stakeholder capitalism', World Economic Forum

사들이 그 경우이다. 반면에 디지털 트랜스포메이션, 연구개발, 그리고 고객 관리 등에 투자한 기업들이 있다. 이들 기업은 팬데믹 국면에서 다른 기업이 갖지 못한 역량을 발휘하고 있다. 예컨대 저스트 캐피탈이 선정한 '이해관계자 기업' 1위에 오른 마이크로소프트는 존스홉킨스 병원의 코로나 바이러스 추적 활동에 협조하고, 교사들의 원격 교육을 지원했다.

또 위기 속에서 전혀 위기의식을 보이지 않는 기업이 있는가 하면, 기업을 살리기 위해 솔선하는 모습을 근로자 등 이해관계자들에게 보인 기업도 있다. 영국 항공사인 이지넷은 정부 지원을 요청하는 와중에도 1억 7,400만 파운드에 이르는 배당을 강행하겠다고 했다. 대조적으로 메리어트의 CEO인 아르네 소렌슨은 2020년에 급여를 받지 않겠다고 선언하고 임원 급여도 절반을 삭감했다. 팬데믹에 대응하는 데 손발을 걷어붙이고 나선 기업도 있다. 글로벌 해운사인 머스크가 모범적인 사례로 평가받고 있다. 머스크는 의료용품 등 긴급물자가 원활히 수송될 수 있도록 다양한 지원활동을 했다. 상업적으로 수지 타산이 맞지 않는 해운 노선을 유지하거나 새로 만들기도 했으며, 선박이나 선적 공간을 제공했다.

지금까지 소개한 기업의 사례들은 다른 어느 때보다 기업의 신뢰도와 사회적 책임이 중요해지는 시기에 이를 앞장서서 실행하는 모범을 보여주고 있다. 이익을 많이 내는 게 능사가 아니라 이해관계자의 이익을 존중하는 상생과 공존의 경영을 보여주고 있다. 다른 한편으론 소비자들도 사회와 공감하는 신뢰할만한 기업의 제품을 구매하겠다는 구매 행동의 변화를 분명하게 보이고 있어 시장에 의해서도 기업은 변화를 요구받고 있다. 하지만 이해관계자 자본주의는 개별 기업의 선택만으로 가동되는 시스템은 아니다. 공감 폭이 확산되면서 이게 기업 경영의 기본 실천 원칙이 돼야 하는 데 이를 위해서는 입법과 정책 등 제도 전반과 기업 경영에 대한 측정과 평가 등 방식에서 구조적 변화가 수반돼야 한다. 심도있는 논의와 실천 의지가 필요한 이유이다.

국내 기업의 움직임은?

    그동안 국내에서는 이해관계자 자본주의에 관한 논의가 활발하지 않았다. 논의가 활기를 띠고 있는 해외와 달리 이해관계자 자본주의라는 용어 자체가 그다지 언급되지 않는 분위기였다. 국내 기업의 특성상 지배주주나 지배주주가 선임한 경영자의 독단 경영이 더 문제시되고, 주주에 대한 기업이익의 편중된 배분 문제가 미국만큼 이슈가 되지 않아온 탓도 있을 것이다.

    기업의 목적에 관한 한 한국 경제는 1997년 외환위기 이전과 이후로 확연하게 구분된다. 외환위기 이전에는 국내 증시가 외국 자본에 덜 개방된 상태여서 적어도 주주만을 중시하는 기업 경영은 아니었다. 하지만 국가 부도의 위기에서 긴급 자금 수혈을 받는 조건으로 강제된 자본시장 개방에 따라 해외 자본이 물밀듯이 들어오면서 한국 자본주의 자체가 신자유주의에 그대로 노출됐다. 이로 인해 기업들은 자본시장의 기대에 부응하는 이익을 올리기 위해 다른 목표를 하위에 두는 주주 중시 경영을 본격화했다. 그 폐해는 다른 나라에서처럼 양극화 및 불평등 심화, 단기 실적 중시로 인한 장기 비전의 부재, 기업가 정신의 약화 등으로 나타났다. 이제 한국 사회도 한국 자본주의가 앞으로 걸어가야 할 길이 어디인지를 놓고 심도 있는 고민과 논의를 시작해야 한다.

국내에서는 지난 2007년에 한국개발연구원KDI에 의해 '공동체 자본주의'라는 개념이 제기된 적이 있다. '공동체 자본주의'는 앞서 소개한 빌 게이츠의 '창조적 자본주의'와 유사한 개념이다. 다만 '창조적 자본주의'가 국가 간 불평등 해소에 초점을 맞추고 있다면 '공동체 자본주의'는 국내 불평등 완화에 더 역점을 두고 있다. 다 같이 잘 사는 건강한 공동체를 만들기 위해 기부와 나눔을 강조하며 '나눔 가게'와 '나눔 센터' 등 사회적 기업을 활성화하자는 방안을 제시하고 있다.

공동체 자본주의는 다 같이 잘 사는 건강한 공동체를 만들기 위하여, 사회적 약자의 천부 인권과 정직을 기본으로 하는 경제정의 하에, 개인들의 경제적 인센티브가 최대한 보장되고, 창의적 방법에 의

한 자발적 나눔과 감사 운동이 문화가 되는 자본주의로 정의한다.

공동체 자본주의는 소외계층과 사회적 약자들의 천부 인권을 기본으로 한 경제정의가 선택이 아닌 의무임을 천명한다. 그들이 도움을 받아야 하는 것은 자선의 차원이 아닌 그들에게 주어진 천부적 권리이며, 이를 방기하는 것은 국가는 물론 개인들도 공동체적 삶의 의무를 저버리는 것이다.[22]

공동체 자본주의는 사회적 약자들을 지원하는 경제정의를 '의무'로 보고 있다는 점에서 그 의미를 긍정적으로 평가할 수 있다. 하지만 시대적 한계 탓에 주주자본주의의 가져온 문제점을 인식하고 이를 개선하기 위해 이해관계자의 역할을 중시하는 개념으로 진전되지는 못한 상태에 머물렀다.

하지만 국내에서도 최근 이해관계자 자본주의와 관련된 전향적인 움직임이 가사회하고 있어 그 귀추가 주목된다. 최태원 SK 그룹 회장이 그 선두에 서있다. 최태원 회장은 2020년 10월에 열린 '제7회 21세기 인문가치포럼'에 초청 연사로 참석해 기업의 목적은 '돈을 버는 것'이라는 생각이 너무 강해서 공감 능력이 없었

---

22 KDI·공동체자본주의 포럼(2007.10), '공동체자본주의와 사회적 기업의 역할'

다고 자성하며 이해관계자 자본주의가 기업의 미래가 돼야 한다고 강조했다. 기업인으로서 다양한 이해관계자를 대상으로 책임과 역할을 다하는 방법을 고민하겠다는 게 최 회장의 생각이다. SK그룹 자료와 미디어 보도를 중심으로 이날 최 회장의 발언요지를 정리해봤다.

기업들이 덩치를 키우고 이윤을 추구하는 과정에서 경제발전에 기여했다는 긍정적 시선도 있지만, 부정적 인식 역시 컸던 것이 사실이다. 기업인으로서 냉철하게 현실을 직시하고 있으며, 큰 책임감도 느끼고 있다. 기업은 기업에 필요한 가치와 함께 사회가 필요로 하는 가치를 만들어 내야 지속 가능할 수 있다. 예컨대 벌목회사는 과거에는 저렴한 비용으로 최대한 많은 나무를 베어 비싸게 파는 것이 최고의 가치였다. 그러나 필요한 가치만 추구하게 되면 삼림 보호에 대한 사회적 요구가 높아질 뿐 아니라 정부의 규제가 강화되면서 오히려 사업환경이 악화돼 존속할 수 없게 된다. 이 때문에 삼림 보호, 이산화탄소 감축, 안전한 근로환경 조성과 같은 인류의 편의를 돕는 방식으로 사회가 원하는 가치를 함께 만들어야 기업이 살 수 있는 시대가 됐다. 기업도 이제는 사회의 일원으로 다양성과 공감을 바탕으로 새로운 역할을 수행해 나가야 한다. 저 역시 기업인으로서 다양한 이해관계자를 대상으로 한 책임과 역할을 다하는 방법을 고민하는 것은 물론 기업에 주어진 새로운 책임과 역할을 적극 실천해 나가겠다. 기업은 '돈을 버는 것'이란 목적이 너무 강해서 공감 능력이 없었다. 사회와 공감하는 '이해관계자 자본주의'가 기업의 미래가 돼야 한다.

SK그룹은 2020년 초에 최태원 회장의 이 같은 경영 철학을 담아 'SKMS(SK 경영시스템)'를 개정했는데 그 안에는 'SK의 각 회사는 이해관계자가 중시하는 가치를 파악하고, 사회적 가치를 지속적으로 창출해야 한다'는 원칙이 포함돼있다. SKMS의 특징은 행복을 강조하고 있는 데 있다. SK 경영의 궁극적 목적이 구성원의 행복이며 이해관계자의 행복을 동시에 추구해나가겠다는 점을 분명히 하고 있다. 이해관계자의 행복을 위해 기업이 창출하는 가치가 곧 사회적 가치이기 때문이라는 것이다. SK그룹은 미국 재계인 BRT의 기업의 목적에 대한 성명처럼 각 이해관계자를 대상으로 한 경영목표도 아래와 같이 제시하고 있다.

고객에게 다양한 가치를 제공하고 고객을 지속적으로 만족시켜 신뢰를 얻으며, 궁극적으로 고객과 더불어 발전한다.
비즈니스 파트너와 함께 공정하고 경쟁력 있는 생태계를 조성하고, 이에 기반한 선순환적 협력을 통해 상호 발전을 이끌어 나간다.
주주의 가치를 지속적으로 창출하여 기업가치를 높여 나간다.
사회에서 필요로 하는 환경보호, 고용창출, 삶의 질 제고, 지역사회 기여 등 다양한 역할을 수행하여 사회와 더불어 성장한다.

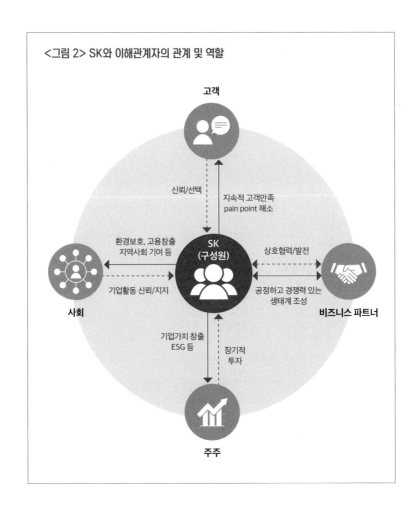

<그림 2> SK와 이해관계자의 관계 및 역할

고객

신뢰/선택

지속적 고객만족
pain point 해소

환경보호, 고용창출
지역사회 기여 등

SK
(구성원)

상호협력/발전

기업활동 신뢰/지지

사회

공정하고 경쟁력 있는
생태계 조성

비즈니스 파트너

기업가치 창출
ESG 등

장기적
투자

주주

SK는 이해관계자 가 행복이 조화와 규형을 이루도록 누럭하며, 장
기적으로 지속 가능하도록 현재와 미래의 행복을 동시에 고려해야

한다.

SK그룹은 이런 맥락에서 최근 기업 경영의 추세로 확산되고 있는 ESG(환경, 사회, 지배구조)를 미래 성장전략으로 추진하고 있다. ESG 중 환경 부문의 실행을 가속화하기 위해 최근 SK주식회사, SK텔레콤, SK하이닉스 등 8개 계열사는 'RE100'에 가입을 신청했다. 'RE100'은 '재생에너지Renewable Energy 100%'의 약자로 기업이 2050년까지 사용전력량의 100%를 풍력, 태양광 등 재생에너지 전력으로 조달하겠다는 것을 뜻한다. 영국의 다국적 비영리기구인 '더 클라이밋 그룹The Climate Group'이 2014년 시작했는데 현재 구글·애플·GM·이케아 등 전세계 263개 기업이 가입해 있다.

삼성전자의 경우는 '글로벌 기업시민'으로서 다양한 이해관계자와의 원활한 소통을 강조하고 있다. 삼성전자는 '지속가능경영보고서 2020'에서 "이해관계자 포럼, 설문조사, 현장 방문 등을 통한 의견 청취 등 다양한 활동을 진행해 이해관계자와 지속가능경영 이슈에 대한 공감대를 형성하고 협력관계를 구축하는 노력을 기울이고 있다"고 밝히고 있다.

삼성전자는 특히 ESG 투자 확대로 지속 가능 경영에 박차를 가하고 있다. 2019년 현재 미국·중국·유럽 사업장에서 재생에너지 대체율을 92%로 끌어올렸으며 100% 전환 목표 달성을 눈앞에 두고 있다. 삼성전자는 총 재생에너지 사용량이 2017년의 229GWh에서 2019년에는 3,220GWh로 14배 이상 증가했는데 이런 성과를 인정받아 미국 환경보호청EPA으로부터 그린파워 리더십 우수상을 받기도 했다. 특히 자원 소모를 최소화하기 위해 친환경 소재 사용에 주력하고 있다. 삼성전자는 플라스틱과 비닐 등 일회용 포장재를 종이와 같은 친환경 소재로 활발히 교체하고 있으며, CE(소비자 가전) 부문과 IM(IT 모바일) 부문 제품의 기존 종이 포장재와 매뉴얼 등은 2020년 말까지 종이로 100% 전환하기로 했다.

삼성전자의 이해관계자 소통 지도

이해관계자	중요관심사	소통채널	주요활동
고객	•제품과 서비스 품질 •안전한 제품 사용 •정확한 제품 정보 제공 •투명한 커뮤니케이션	•고객만족도 조사 •컨텍센터, 서비스센터 •삼성전자 뉴스룸 •삼성반도체이야기 •영삼성 (YoungSamsung)	•품질과 안전성 관리체계 강화 •국가별 홈페이지 구축하여 제품 정보제공 •고객 VOC 청취 및 해결
주주 & 투자자	•경제 성과 •리스크 관리 •정보 공유 •지속가능성 이슈 (환경, 사회, 거버넌스등)	•IR 미팅 •주주총회 •1:1 미팅 •애널리스트 데이 •삼성전자 기업 이미지 영상	•안정적 수익창출 •주주환원 정책강화 •이사회 산하 거버넌스위원회 설치 •대외 후원금 운영 투명성 강화

임직원	• 안전하고 건강한 근로 환경 • 다양성과 포용 • 교육과 경력개발 • 고용과 복리후생 • 노사관계	• 노사협의회 • 상담센터 • 만족도 조사 • 삼성전자 LIVE • 제보시스템 (컴플라이언스, 윤리)	• 사업장 근로환경 관리 • 창의적 조직문화 구축 • 경력설계 주기 맞춤형 프로그램 • 경영현황 설명회 개최
협력회사	• 공정거래 • 동반성장 • 근로자 인권보호	• 핫라인, 사이버신문고 등 • 협력회사 간담회 • 상생협력 데이 • 상생협력 아카데미 • 협력회사 경영자문단	• 공정거래, 동반성장 추진 • 협력회사 혁신활동 지원 • 기술이전 박람회 실시 • 협력회사 지원 펀드 운영 • 협력회사 근로환경 책임관리
지역사회	• 현지채용, 지역경제 활성화 등 간접경제 효과 • 지역사회 환경보호 • 기부, 봉사 등 공헌활동	• 지역봉사센터 • 지역사회 협의회 • 삼성 나눔 빌리지 • 삼행시(수원·구미·광주) 블로그 • 용인·화성 소통 블로그	• 스마트공장 구축 등 지역사회 중소기업 지원 • 사업장 인근 하천생태계 보존활동 실시 • 교육과 취업 사회공헌 프로그램 추진 • 임직원 봉사단 운영
NGO, CSR 협회, 전문기관	• 지역사회, 환경에 대한 사회적 책임 • UN SDGs에 대한 기여 • 투명하고 신속한 정보 공개	• 기업 간담회 • NGO 미팅	• 글로벌 NGO 대상 의견 수렴 • RBA, BSR, GeSI 활동 • EPRM과 RMI 활동
정부	• 간접경제효과 • 공정거래 • 안전·보건 • 컴플라이언스	• 정책 간담회 • 의회 • 정책자문기구	• 정부기관과 공동으로 중소기업 지원 프로그램 운영 • 정부와 협업하여 벤처투자 창구 설립 운영
언론	• 투명하고 신속한 정보 공개	• 보도자료 • 삼성전자 뉴스룸	• 취재지원 • 미디어데이 개최

이와 별도로 삼성생명과 삼성화재 등 삼성그룹의 모든 금융 계열사는 지구 온난화 등 기후 변화 위기에 선제적으로 대응하

기 위해 '탈脫 석탄'을 선언했다. 2018년 6월 이후 석탄발전에 대한 신규 투자를 중단해온 삼성생명과 삼성화재는 앞으로 석탄발전소에 대한 직접적인 투·융자는 물론 회사채에도 투자하지 않기로 했다. 삼성화재는 여기에 더해 석탄 화력 발전소 건설을 위한 보험을 인수하지 않기로 했다. 삼성증권과 삼성자산운용도 석탄 채굴과 발전사업에 대한 투자 배제 등을 포함한 ESG투자 가이드라인을 만들어 적용하고 있다. 이에 앞서 삼성물산도 2020년 10월에 열린 이사회에서 '탈석탄' 방침을 결정한 바 있다.

2018년에 '기업 시민'을 새로운 경영이념으로 선언한 포스코는 '포스코 기업시민헌장'을 제정해 운영하고 있다. 이 헌장에서 포스코는 "기업은 사회공동체의 일원으로서 경제적 이윤 창출을 넘어 사회문제 해결에 동참하고 인류의 번영과 더 나은 세상을 만드는 데 기여하는 것이 올바른 길"이라고 밝히고 있다. 또 고객, 구성원, 주주 등 소통하고 공감하겠다는 점을 강조하고 있다.

1. 비즈니스 파트너와 함께 강건한 산업 생태계를 조성한다.
  - 모든 사업에서 공정·투명·윤리의 가치를 실천한다.
  - 배려와 존중의 자세로 협력사, 공급사와 협업하고 동반성장한다.
  - 최고의 제품과 서비스를 제공하고 고객 성공을 지원한다.

2. 사회문제 해결과 더 나은 사회 구현에 앞장선다.

- 사회가 직면한 문제에 공감하고 기업 차원의 역할을 다한다.

- 지역사회 발전과 환경보호를 위한 공익적 활동을 전개한다.

- 이웃을 배려하는 마음으로 모든 구성원이 나눔 활동에 적극 참여한다.

3. 신뢰와 창의의 조직문화로 행복하고 보람 있는 회사를 만든다.

- 안전하고 쾌적한 근무환경을 조성하여 구성원의 건강과 안녕을 도모한다.

- 공정한 인사와 안정적 노사관계로 신뢰와 화합의 조직문화를 선도한다.

- 다양성을 포용하고 일과 삶이 균형을 이루는 행복한 일터를 구현한다.

포스코는 또 ESG를 중시하며 기후 변화 대응, 부산물 자원화, 이해관계자 참여와 커뮤니케이션, 대기환경 개선 등을 핵심 이슈로 선정해 대응하고 있다. 이해관계자와 관련해서는 기업의 존재 목적과 역할이 과거의 이윤추구와 주주가치 극대화에서 고객, 직원, 협력회사, 지역사회, 주주 등 모든 이해관계자의 가치 창출에 대한 기여로 변화하고 있음을 인식하고 있다. 특히 철강산업의 특성상 이해관계자와 밀접한 관계가 있는 만큼 이들과의 원활한 소통이 지속 가능한 경쟁력을 결정하는 요인임을 지적해 이해관계자를 중시한 경영 방침을 천명하고 있다.

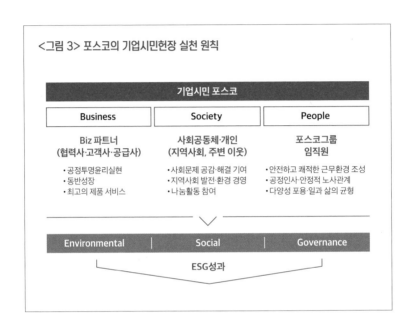

<그림 3> 포스코의 기업시민헌장 실천 원칙

기업시민 포스코		
Business	Society	People
Biz 파트너 (협력사·고객사·공급사)	사회공동체·개인 (지역사회, 주변 이웃)	포스코그룹 임직원
• 공정투명윤리실현 • 동반성장 • 최고의 제품 서비스	• 사회문제 공감·해결 기여 • 지역사회 발전·환경 경영 • 나눔활동 참여	• 안전하고 쾌적한 근무환경 조성 • 공정인사·안정적 노사관계 • 다양성 포용·일과 삶의 균형
Environmental	Social	Governance
ESG성과		

이밖에 KT는 이해관계자를 고객, 임직원, 협력사, 지역사회, 주주·투자자, 정부·미디어, 학계·전문가, 환경 등 8개 그룹으로 구분하고 이들과 원활하게 소통해 중요 이슈에 대한 의견을 경영에 반영하는 '이해관계자 참여 프로세스'를 가동하고 있다.

지금까지 살펴본 것처럼 글로벌 무대에서 논의가 한창인 이해관계자 자본주의는 국내에서 활발하게 논의되고 있지는 않다. 아직 정치권과 학계 등에서 공론의 장이 만들어지지 않은 상황이다. 재계에서 최태원 SK그룹 회장이 기업 경영에 있어서 이해관계자의 중요성을 강조하고 이들을 존중하는 이해관계자 자본주의가 기업의 미래가 돼야 한다며 선도적 역할을 하고 있다. 다른 기업들도 이해관계자의 역할 등을 강조하고 있다. 하지만, 아직은 소통 강화 등의 수준에 머물 뿐 기업 경영에 있어 이해관계자를 위한 가치 창출을 어떻게 해나갈 것인지 등에 대해서는 더 구체화될 필요가 있다. 이 논의가 활발한 미국에서 재계 대표기관인 BRT가 발표한 '기업의 목적에 대한 성명'에는 ▲고객에 대한 가치 전달 ▲근로자에 대한 투자 ▲거래기업에 대한 공정하고 윤리적 대우 ▲지역사회 지원 ▲주주를 위한 장기적 가치 창출 등 구체적 목적을 명시하고 있다. 한 마디로 이익을 낸 후 사회적 책임 활동을 하는 차원에서가 아니라 원천적으로 가치 사슬의 전체 과정에서 이해관계자의 이익을 반영하는 가치창출 활동을 하겠다는 선언이다. 이런 점에서 이해관계자에 대한 국내 기업의 인식의 폭도 개선되고 확장될 필요가 있다. 하지만 이해관계자 자본주의는 개별 기업 차원의 노력만으로는 실제 구현되기는 어려운 게 사실이다. 공론의 장이 만들어지면서 자본주의 개혁에 대한 공감대가 폭넓게 형성되고 이를 바탕으로 입법, 정책, 제도, 관행 등 전반에 변화가 수반돼야 하기 때문이다.

이해관계자 자본주의

이와 관련해 한국 회계학회가 2020년 11월에 연 사회적 가치 측정 포럼은 눈길을 끌었다. 이날 포럼에서 정도진 중앙대학교 교수와 김종현 한양대학교 교수 등 연구진은 '이해관계자 중심 통합재무제표의 개념체계와 측정 및 보고'를 주제로 발표를 했고, 이어 전문가들의 토론이 이어졌다. 연구진은 현행 재무제표는 경제적 가치만 보고하고 기업의 사회적 가치는 지속 가능 보고서 등으로 별도 공시해 유용성이 떨어진다고 지적했다. 이들은 사회적 가치를 어떻게 측정하고 이를 어떻게 경제적 가치와 통합해 보고할 것인지를 논의해야 한다며 주주 중심의 재무제표가 아닌 이해관계자 중심의 통합재무제표를 작성해야 한다고 주장했다. 연구진은 이를 위해 '사회성과 재무 보고의 개념체계'를 제안했다. 여기에서 언급된 '사회성과 재무 보고의 개념체계'의 핵심은 기업이 창출한 사회적 가치, 즉 '사회성과'가 사회의 지속가능성을 유지하거나 높여주기 때문에 '사회성과 무형자산'으로 통합재무제표에 보고돼야 한다는 내용이다. 연구진의 주장대로 통합재무제표가 직성된 후 공시되면 어떤 효과가 있을까? 이해관계자들은 기업이 1년 동안 이해관계자의 사회적 자본을 얼마나 증감시켰는지를 '통합손익계산서'를 통해 확인할 수 있게 된다. 특히 경제적 가치만을 추구하는 기업과 경제·사회적 가치를 모두 추구하는 기업을 구분해 투자 등 의사 결정에 활용할 수 있게 된다.

결국 이해관계자 자본주의가 실제로 착근하기 위해서는 기업 경영에 이해관계자의 이해가 어떻게 반영되는지를 측정하고 평가하는 방식을 만드는 게 중요한 데 이날 연구진이 제시한 '이해관계자 중심의 통합재무제표' 작성은 시의적절하고 효과적인 제안으로 평가할 수 있을 듯하다. 앞으로 이 논의가 더욱 진전돼 재무제표를 통해 기업이 얼마나 사회적 가치를 추구하는 지가 공시되고 이게 투자 등 이해관계자의 여러 가지 의사 결정에 활용된다면 이해관계자 자본주의의는 그 실현을 위한 발판이 마련될 수 있을 것이다.

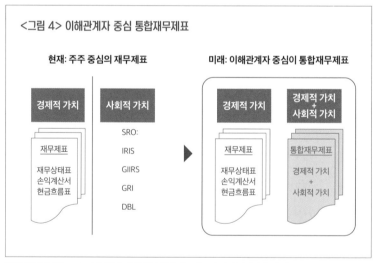

<그림 4> 이해관계자 중심 통합재무제표

자료: 정도진 등(2020.11) '이해관계자 중심 통합재무제표의 개념체계와 측정 및 보고'

이해관계자 자본주의와 ESG

이해관계자 자본주의는 기업 경영의 구체적 현장에서 어떻게 구현될 수 있을까? 요즘 자주 얘기되고 있는 지속가능경영과 ESG(환경, 사회, 지배구조)가 여기에 해당한다고 할 수 있다. 물론 이해관계자 자본주의는 주주자본주의를 탈피해 고객, 근로자, 거래기업, 지역사회, 주주 등 모든 이해관계자를 존중하는 기업 경영을 하자는 것이어서 보다 큰 틀의 자본주의 체제 개편의 이슈라고 할 수 있다. 지속가능경영은 단기이익만을 추구하고 환경과 사회에 대한 책임을 수행하지 못하면 장기적으로 생존할 수 없다는 인식을 담고 있으니 이해관계자 자본주의가 지향하는 기업 경영의 선언적 방향으로 볼 수 있다. ESG는 이해관계자 자본주의와 지속가능경영의 정신이 구체화한 실천 방안의 성격이 강하다. 기업 경영에서 고려해야 할 핵심 요소에 재무적 성과뿐만 아니라 환경과 사회, 지배구조 등 비재무적 요소를 포함하는 확장적 개념이다.

특히 바이든 행정부가 파리기후협약에 다시 가입할 것으로 보이고 한국, 미국, EU 등 많은 나라가 그린 뉴딜과 탄소 중립을 추진함에 따라 기후와 환경 쪽에 더 큰 무게중심이 실리고 있다. 이에 따라 ESG에 대한 기업의 입장도 뚜렷하게 바뀌고 있다. 종전에는 '~을 해서는 안된다'는 규제 회피 중심의 소극적 경영이었다면 이제는 ESG를 비즈니스의 관점에서 수익을 추구하는 적극적 경영으로 받아들이고 있다. 그린 뉴딜 정책 등으로 자금의 흐름이 '녹색 산업'으로 몰리고 있는데다 자본시장의 투자자들도 ESG를 준수하지 않는 기업은 리스크가 크다고 판단해 투자를 기피하고 있기 때문이다. 기업들은 이제는 재생에너지나 친환경 제품 같은 신사업을 추진하거나 저탄소 기술 도입 등으로 기존 사업을 친환경적으로 전환해 ESG를 새로운 사업 기회를 찾는 기회로 활용하고 있다. 실제로 SK그룹과 현대자동차, 포스코, KB금융그룹 등이 ESG 경영에 적극적으로 나서고 있다. 이해관계자 자본주의를 기업의 미래로 선언한 최태원 SK그룹 회장은 2020년 12월 초 최종현학술원과 일본 도쿄대가 공동개최한 '도쿄 포럼 2020' 개막연설에서 "기업들이 친환경 사업, 사회적 가치 창출, 투명한 지배구조 등을 추구하는 ESG 경영을 가속화하는 것이 환경 위기와 코로나 팬데믹 등을 극복하는 해법이 될 것"이라고 강조했다. 수소차와 전기차 등 친환경 자동차 사업을 진두지휘하고 있는 정의선 현대자동차 회장은 친환경 에너지인 수소산업 생태계 육성에 승부를 걸고 있다. 또 ESG 전담조직을 CEO 직속 기업시민실에 신설한 포스코는 수소환원제철과 같은 기술개발로 2050년까지 탄소중립을 달성하겠다고 선언했다. KB금융그룹의 경우 이사회 안에 'ESG위원회'를 두고 ESG 경영 지휘부로 활용하고 있다.

ESG는 특히 자본시장에서 중요한 투자 판단 기준으로 그 중요도가 높아지고 있다. 기관투자자 등 투자자들이 기업에 대해 투자를 할 때 의사 결정을 하는 중요한 평가 기준으로 자리를 잡아가고 있다. ESG는 지난 2006년에 제정된 UN 책임투자원칙 PRI:Principles of Responsible Investment에서 나온 개념이다. PRI는 아래와 같은 6개의 원칙으로 구성돼있다. 투자 의사 결정 시 ESG 이슈를 반영하는 게 주 내용이다. 2020년 1월 현재 전 세계적으로 2,300개가 넘는 금융기관들이 PRI에 서명해 참여하고 있는데 이들 기관이 운용하고 있는 자산은 80조 달러를 웃도는 것으로 추산되고 있다.

원칙 1: ESG 이슈를 투자 분석과 의사 결정 과정에 포함시킨다.

원칙 2: 적극적인 주식 투자자로서 ESG 이슈를 주식보유 정책 및 관행에 반영한다.

원칙 3: 투자 대상 기업들이 ESG 이슈에 대해 적절한 공시를 하도록 추진한다.

원칙 4: 투자 업계에서 PRI가 수용되고 실행되는 것을 촉진한다.

원칙 5: PRI를 실행하는 데 있어 효율성을 제고하기 위해 함께 노력한다.

원칙 6: PRI를 실행하는 데 있어 활동과 진전 상황을 각각 보고한다.

PRI의 원칙들을 반영한 ESG는 말 그대로 환경E:Environmental, 사회S:Social, 그리고 지배구조G:Governance 이 세 가지로 구성돼있다. '환경' 항목에는 기업이 사용하는 에너지, 폐기물, 필요한 자원, 이산화탄소 배출량 등이 포함돼 있다. '사회' 항목은 기업이 다양한 이해관계자들과의 관계를 어떻게 관리하고 있는지를 평가한다. '지배구조' 항목은 기업의 리더십과 내적 통제 등과 관련돼 있다.

투자자들이 ESG 같은 비재무적 요소에 주목하는 이유는 무엇일까? 먼저 ESG는 기업의 경영환경에 대한 큰 그림을 볼 수 있게 해주는 장점이 있다. 투자자들은 재무분석을 통해 탐지되지 않는 경영 리스크와 기회를 ESG 요소를 통해 확인하는 게 가능

ESG 평가 요소

환경	사회	지배구조
기후 변화 정책	지역사회 소통	경영구조
공기 및 수질 오염	인권	경영진 보수
삼림 벌채	근로 관행	이사회 구성
생물다양성에 대한 영향	제품 안전	사업의 진실성
폐기물과 위험물질 관리	데이터 보안과 포용	투명성
재생에너지 사용	고객 관계	뇌물과 부패
	윤리적 공급체인 소싱	로비
		내부고발자 제도
		주주 관계

자료: ESG RATINGS(MILKEN INSTITUTE)

하다. 또 투자자들은 기업이 윤리적, 정치적, 문화적 가치를 충족시킬 수 있는 구체적인 ESG 수준을 달성하도록 압박할 수 있다. 예컨대 투자자들은 인권 침해 등 의심스러운 관행이 있는 기업들을 투자 대상에서 제외할 수 있다. 이밖에 법률적 요구 사항을 충족시키기 위해 ESG 기준을 활용할 수 있다. 예컨대 노르웨이 정부 연금펀드는 심각한 환경 훼손이나 부패 등에 책임이 있는 기업에 투자하는 게 금지돼있는데 이 경우 ESG 기준을 적용하고 있는 것이다.

투자기관 중 글로벌 자산운용사인 블랙록의 래리 핑크 회장의 행보는 특히 주목을 받아 왔다 핑크 회장은 이해관계자 자본주의와 ESG를 매우 중시하고 이를 적극적으로 전파하고 있는 대표적 인물이다. 그는 2020년에 투자기업들에 보낸 공개서한에서 앞으로 지속가능성을 포트폴리오 설정과 리스크 관리 등 투자의 핵심 요소로 보겠다고 선언하고 연말까지 지속가능성과 기후 변화와 관련해 기업의 대응 내용 등을 공시할 것을 촉구했다. 핑크 회장은 이 서한에서 기업들이 건강한 수준의 공시를 하지 못하면 리스크를 적절하게 관리하지 못하는 것으로 판단하겠으며 이에 대해 이사들이 책임을 져야 할 것이라고 '통첩'식 경고를 했다. 실제로 블랙록은 2019년에 기업과 이사회가 효과적으로 지속가능성에 대해 공시를 하지 못한 2,700 기업의 4,800명에 이르는 이사 재선임 안건에 대해 반대표를 행사하거나 의사 표명을 보류했다. 핑크 회장은 이 서한에서 이해관계자 자본주의에 대한 본인의 입장을 상세하게 밝혔다. 의미가 있는 내용이어서 해당 대목을 소개한다.

모든 투자자는 규제 당국, 보험회사, 그리고 대중과 함께 기업들이 지속가능성과 관련된 문제들을 어떻게 관리하고 있는지에 대해 보다 명확한 그림을 볼 필요가 있다고 우리는 믿고 있다. 이와 관련된 데이터는 기후 문제를 넘어서 각 기업이 모든 이해관계자에 어떻게 봉사하고 있는지에 관한 질문까지를 포함해야 한다. 예를 들면, 근로자의 다양성, 공급체인의 지속가능성, 그리고 기업이 소비자를 얼마나 잘 보호하고 있는지가 여기에 해당된다. 기업의 성장 전망은

이해관계자 자본주의

지속 가능한 경영을 하고 모든 이해관계자에 봉사하는 능력과 분리될 수 없다.

이해관계자에게 봉사하고 기업의 목적을 수용하는 것은 기업이 사회에서 자사의 역할을 이해하는 방식에 있어 점점 더 핵심적 요소가 되고 있다. 과거 서신에서도 쓴 것처럼, 기업의 목적을 포용하고 광범위한 이해관계자의 이해를 고려하지 않고서는 기업은 장기적 수익성을 달성할 수 없다. 인정사정없이 약값을 올리는 제약회사, 안전 사항을 속이는 채굴 기업, 고객을 존중하지 않은 은행. 이들 기업은 단기적으로 수익을 극대화할 수 있을지 모른다. 그러나 우리가 여러 차례 반복해서 목격했듯이, 사회를 해치는 이 같은 행위는 결국 회사의 발목을 잡아 주주가치를 파괴할 수 있다. 대조적으로, 강한 기업 목적의식과 이해관계자에 대한 약속이 있을 경우 기업은 고객과 더 깊게 가까워질 수 있고, 사회의 변화하는 요구에도 대응할 수 있다. 궁극적으로 기업의 목적은 장기적 수익성을 실현하는 엔진이다. 앞으로 이해관계자에 응답하지 않고 지속가능성 리스크를 해소하지 않는 기업과 국가는 시장으로부터 성장에 대한 회의에 직면할 것이며 그 결과 자본조달 비용이 상승할 것이다.

블래록은 바이든 행정부이 경제 정책에 상당한 영향력을 행사할 것으로 보인다. 트럼프 행정부에서는 스티브 므누신 재무장관과 게리 콘 전 백악관 국가경제위원회NEC 위원장 등이 골드만 삭스 출신이었다. 하지만 바이든은 블랙록에서 지속가능 투자팀을 이끌었던 브라이언 디즈를 NEC 위원장에, 그리고 래리 핑크의 비서실장으로 일했던 월리 아데예모를 재무부 부장관으로 지명했다. 이해관계자 자본주의와 ESG를 중시하는 블랙록의 경영 철학이 바이든 행정부의 정책에도 반영될 것임을 시사하는 대목이다. 블랙록과 함께 영국 바클레이스의 움직임도 주목을 끌고 있다. 바클레이스는 지난 2016년~2019년 사이에 화석연료 산업에 1,200억 달러가량을 대출해 유럽 은행 중 최대 금액을 기록했다. 하지만 영국 내에서 화석연료 대출을 단계적으로 철회하라는 여론이 높아지자 2050년까지 탄소 배출량 제로를 달성하겠다고 선언했다. ESG에 대한 요구를 수용해 주력 비즈니스를 수술대에 올리겠다는 결정을 한 것이다. HSBC도 ESG 경영에 적극 나서고 있다. 풍력과 태양광, 그리고 지속 가능한 폐기물 시설과 관련해 5억 파운드 규모의 녹색 채권을 발행했는가 하면 멕시코시티의 저탄소 공항 건설을 위해 20억 달러의 자금을 지원했다.

그러면 기업 입장에서 ESG를 중시하는 경영을 하면 어떤 결과를 얻을 수 있을까? ESG는 기업의 재무적 성과에 긍정적인 영향을 미치고 있는 것으로 분석되고 있다. 2,200개에 이르는 기존 연구사례를 종합분석한 한 연구 결과를 보면 ESG가 재무 성과에 주는 긍정적인 영향은 장기간에 걸쳐 안정적인 것으로 나타났다.[23] 또 ESG는 기업의 장기적 성장에 기여하고, 리스크를 줄이는 데 도움을 주는 것으로 지적되고 있다. MSCI는 2019년 7월에 내놓은 보고서에서 ESG 관리 수준이 높은 기업은 위험(기업 고유 위험+체계적 위험)이 낮아 수익성도 높고 가치평가도 더 양호한 것으로 나타났다고 밝혔다.[24]

이와 관련해 컨설팅 기업인 매킨지는 ESG가 가치를 창출하는 다섯 가지 방법을 상세하게 분석한 보고서를 내놓았다.[25] 먼저 ESG는 새로운 시장 진입 또는 기존 시장의 확대를 도움으로써 성장의 기회를 제공한다. 정부가 기업을 신뢰하면 해당 기업에 성장 기회가 될 수 있는 시장 접근 허용과 사업 승인 등을 할 수 있다. 실제로 최근에 미국 캘리포니아주의 롱비치는 대규모 인프라 프로젝트를 진행하면서 지속가능경영에 대한 평가를 토대로 민간 기업들을 참여시켰다. ESG는 제품에 대한 소비자의 수요를 증가시킬 수 있다. 유니레버는 물을 훨씬 덜 쓰는 식기 세척 세제인 선라이트Sunlight를 개발했는데 이게 호평을 받으면서 이 제품

23 Gunna Friede·Timo Busch·Alexander Bassen(2015), 'ESG and financial performance:aggregated evidence from more than 2000 empirical studies', Journal of Sustainable Finance & Investment
24 MSCI(2019. 7), 'Foundations of ESG Investing:How ESG Affects Equity Valuation, Risk, and Performance'
25 McKinsey Quarterly(2019. 11), 'Five Ways that ESG creates value', McKinsey

은 물론 물 사용을 절약하는 다른 제품까지 덩달아 매출이 많이 늘어났다.

다음으로 ESG를 기업 경영에 적용하면 비용을 크게 낮출 수 있다. 대표적인 예가 3M과 페덱스이다. 3M은 1975년에 제품 재설계, 제조공정 개선, 설비 재디자인, 폐기물의 재사용 등 다양한 방식을 써서 22억 달러를 절감했다. 페덱스는 3만 5,000대의 수송 차량을 전기차 또는 하이브리드차로 전환한다는 계획을 추진 중인데 현재까지 20%의 차량을 교체해 연료 소비를 19억 리터 가까이 줄였다. 또 ESG 경영으로 좋은 평가를 받는 기업은 정부 규제의 리스크가 줄어들거나 오히려 정부 지원을 받을 수 있는 효과를 누릴 수 있다. 매킨지 분석에 따르면 미국 기업의 순익 중 규제 리스크가 있는 순익의 비율은 3분의 1에 이른다. 업종별로 이 비율은 규제가 상대적으로 강한 은행과 자동차, 항공 등 업종이 각각 50~60%, 수송 45~55%, 통신과 미디어 40~50% 등의 순이다. 정부 규제의 영향을 받는 순익 비중이 이같이 높은 만큼 ESG를 통해 좋은 평가를 받으면 규제에 따른 순익 변동 리스크를 낮출 수 있는 것이다.

이밖에 ESG는 생산성 향상을 가져올 수 있다. 실력 있는 인재를 확보하거나 직업에 대한 만족도를 높여 생산성을 높일 수 있다. 런던 비즈니스 스쿨의 알렉스 에드먼즈는 포천지가 선정하는 '일하기 좋은 100대 기업'을 대상으로 25년간의 기간에 걸쳐 조사한 결과 이들 기업의 주가 수익률은 다른 기업에 비해 2.3%~3.8% 높게 나타났다고 밝혔다. 실제로 다수의 기업인과 투자 전문가들은 ESG 경영이 단기는 물론 장기적으로 가치를 창출하고 있다고 응답했다고 매킨지는 밝히고 있다.

투자자와 기업 모두 ESG를 중시함에 따라 세계적으로 ESG 투자가 증가추세를 보이고 있다. 특히 금융위기 이후 윤리성이 더욱 강조되면서 ESG 투자는 탄력을 받는 모습이다. 전 세계 ESG 투자 규모는 2012년의 13조 3,000억 달러에서 2018년에는 38조 6,830억 달러로 세배 가량 급증했는데 유럽과 미국이 이를 주도하고 있다.[26] 미국의 경우 글로벌 자산운용사인 블랙록과 뱅가드가 ESG 투자를 주도하고 있다. 또 미국 캘리포니아 공무원 연금CalPERS이 미 연기금 중 처음으로 ESG 투자원칙을 도입한 이래 투자 규모를 빠르게 늘려가고 있다.

특히 코로나19 팬데믹이 진행 중인 상황 속에서도 ESG 투자는 증가세를 지속한 것으로 나타났다. 무엇보다 주요 ESG 펀드

---

26 금융투자협회(2020. 6), '최근 글로벌 ESG 투자 및 정책동향'

들이 벤치마크 지수에 대비해 견조한 수익률을 보이면서 ESG 투자펀드의 성과에 대해 긍정적인 평가가 이뤄졌기 때문이다. 국제금융센터 분석을 보면 실제로 이 기간에 MSCI 세계 ESG 리더스 지수는 11.4%가 올라 세계지수 상승폭 8.7%를 웃돌았다. 코로나19 위기가 글로벌 지속가능성을 위협한 만큼 앞으로 ESG 투자를 활성화시키는 계기가 될 것이라는 전망도 ESG 투자를 늘리는 요인으로 작용했다. 제이피모건은 미국 바이든 행정부의 친환경 정책 추진 전망, 유럽의 그린딜 정책, 한국의 그린뉴딜 선포 등 정책이 ESG 투자 확대에 크게 기여할 것이라고 내다보고 있다. 에델만의 조사 결과를 보면 미 자산운용사의 96%가 코로나19 이후 ESG에 더욱 집중할 것이라고 응답했다. 또 ESG 투자는 과거에는 환경에 치우쳤으나 앞으로는 사회와 지배구조에 대한 관심이 커질 것으로 전망되고 있다.[27]

금융투자협회의 집계를 보면 국내 ESG 펀드의 순자산 규모는 2020년 2월 기준 3,869억 원 규모로 2년 전의 1,451억 원에 비해 266.6%나 늘어나긴 했지만, 글로벌 규모에는 크게 못 미치고 있다. 국내에서는 국민연금을 비롯해 우정사업본부, 사학연금, 공무원연금이 투자에 나서고 있다. 특히 코로나19 사태를 겪으면서

---

[27] 국제금융센터(2020.11.26.), '최근 글로벌 ESG 펀드자금 동향 및 주요 이슈

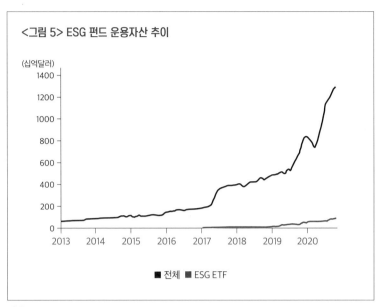

<그림 5> ESG 펀드 운용자산 추이

(십억달러)

- 전체 ■ ESG ETF

원자료: SG
국제금융센터(2020.11.26.), '최근 글로벌 ESG 펀드자금 동향 및 주요 이슈'에서 재인용

환경에 대한 관심이 높아지고 있어 ESG 투자 규모가 계속 늘어
날 것으로 전망되고 있다. ESG를 유도하는 제도 변화도 예상된
다. 자산 총액이 2조원이 넘는 유가증권시장 상장법인은 2019년
부터 의무적으로 사업보고서 제출기한으로부터 2개월 안에 기
업지배구조 보고서를 한국 거래소에 신고하고 공시하게 돼 있다.
2020년에는 170개 기업이 공시를 완료했다. 이처럼 현재는 ESG
정부 중 기업지배구주만 공시하게 돼 있지만, 환경과 사회 등 다
른 ESG 정보의 공시도 의무화하는 방안이 현재 논의되고 있다.

한국 거래소의 경우 ESG 공시전담팀을 구성해 관련 정보 공시를
확대하는 방안을 검토하고 있다.

전 세계 ESG 투자 국가별, 지역별 비중 (단위: 십억 달러)

지역	2016		2018	
	금액	비중	금액	비중
유럽	12,040	52.7%	14,075	45.9%
미국	8,723	38.2%	11,995	39.1%
일본	474	2.1%	2,118	6.9%
캐나다	1,086	4.8%	1,699	5.5%
호주/뉴질랜드	516	2.3%	734	2.4%
합계	22,838		30,683	

자료: 금융투자협회(2020. 6), '최근 글로벌 ESG 투자 및 정책 동향'에서 재인용
원자료: GSIA, 2018 Global Sustainable Investment Review

ESG 투자는 크게 7개 형태로 분류되고 있다. 가장 투자 비중
이 높은 방식은 포트폴리오를 구성할 때 ESG 기준에 부합되지
않는 종목을 제외하는 네거티브 스크리닝Negative Screening인데 전체
의 36.1%(2016년 기준)를 차지하고 있다. 투자에서 배제되는 대상 중
가장 비중이 높은 종목은 담배이며, 다음으로 무기, 술, 화석연료
등 순으로 나타나고 있다. 재무분석을 할 때 ESG 요소를 포함해
분석하고 이를 토대로 기업을 평가하고 투자 여부를 결정하는
ESG 통합ESG integration 방식도 투자 비중이 24.9%로 높은 편이다.

다음으로 직접 기업의 의사결정 과정에 참여해서 기업이 ESG 가이드라인을 지키도록 하는 기업경영 참여 및 주주행동주의 비중도 20.1%에 이르고 있다.

ESG 투자 전략

투자 형태	투자 전략	비중(%)
네거티브 스크리닝 (Negative screening)	포트폴리오 구성 시 ESG 기준에 부합하지 않는 종목을 투자 대상에서 제외	36.1
포지티브 스크리닝 (Positive screening)	ESG 평가 결과가 우수한 섹터, 기업, 프로젝트 등을 선정해 투자	2.5
국제기준 기반 스크리닝 (Norms-based screening)	UN PRI 등 국제기준의 준수 여부를 근거로 포트폴리오를 구성	14.9
ESG 통합 (ESG integration)	재무분석 시 ESG 요소를 체계적이고 명시적으로 포함해 분석하고 이를 토대로 기업을 평가하고 투자	24.9
지속가능 테마 투자 (Sustainability themed investing)	환경 등 지속가능성과 관련된 특정 테마 또는 자산에 투자	0.8
임팩트 투자 (Impact investing)	수익성 제고보다는 사회 및 환경 문제 해결을 목표로 활동하고 있는 단체와 사업에 투자	0.6
기업경영 참여 및 주주행동주의(Corporate engagement and shareholder action)	의결권 행사 등을 통해 직접 기업의 의사결정에 개입하여 기업이 ESG 가이드라인을 준수하도록 하는 방식	20.1

주: 2016년 기준
자료: 한국금융연구원(2018. 7), '국내 ESG투자 시장의 효율성 및 신뢰성 제고 과제'에서 재인용

여기에서 ESG와 관련된 국제기구인 지속가능 회계기준 위

원회SASB: Sustainability Accounting Standards Board의 활동에 대해 살펴보자. SASB는 2011년에 세워진 비영리 기구이다. 국제적 회계기준인 IFRS나 GAAP이 재무제표 작성에 활용되듯이 SASB는 ESG 같은 비재무적 요소들을 공시하는 기준을 수립했다. 이 기준은 투자자들에게 비교 가능한 비재무적 정보를 제공하고 있으며 한 산업 내에서 기업 간 ESG 성과를 비교할 수 있도록 하고 있다. SASB는 산업별로 지속가능 이슈가 다르다는 점을 고려해 현재 77개 산업에 대해 별도의 기준을 적용하고 있다.

SASB는 특히 어떤 ESG 이슈가 특정 산업과 기업에 재무적으로 중요한 이슈인지를 파악하도록 돕기 위해 중요성 지도Materiality Map를 만들어 활용되도록 하고 있다. 이 지도는 특정 산업에 소속된 기업들의 재무적 조건과 경영성과에 영향을 미치는 지속가능 이슈를 규정해놓고 있다. 이 이슈들은 환경, 사회적 자본, 인적 자본, 비즈니스 모델과 혁신, 리더십과 지배구조 등 5개 부문에서 모두 26개에 이르고 있다. 예를 들면 환경 영역에서의 일반 이슈는 온실가스 배출, 공기의 질, 에너지 관리 등 6개이고, 사회적 자본에서는 인권, 고객 프라이버시, 데이터 보안 등 7개 이슈가 평가 항목에 들어있다. 이와 함께 인적 자본의 경우 근로 관행과 직원 건강 등 3개 이슈가, 비즈니스 모델과 혁신에서는 제품 디자인, 공급체인 관리 등 5개 이슈가, 그리고 리더십과 지배구조에서는 비즈니스 윤리, 치명적 사고위험 관리 등 5개 이슈가 기업의 점검 항목에 포함돼 있다. 기업들은 이 항목을 하나하나 점검하면서 자사에 재무적으로 중요한 영향을 미치는 ESG 이슈를 선정해 관리할 수 있는 것이다.

SASB 중요성 지도 점검 항목

영역	일반 이슈	영역	일반 이슈
환경	온실가스 배출	인적 자본	근로 관행
	공기의 질		직원 건강 및 안전
	에너지 관리		직원 참여, 다양성, 포용
	물과 폐수 관리	비즈니스 모델과 혁신	제품 디자인 및 라이프사이클 관리
	폐기물과 위험물질 관리		비즈니스 모델 회복탄력성
	생태적 영향		공급체인 관리
사회적 자본	인권과 공동체 관계		원료 조달 및 효율성
	고객 프라이버시		기후 변화의 물리적 영향
	데이터 보안	리더십과 지배구조	비즈니스 윤리
	접근 및 가용성		경쟁적 행위
	상품 질과 안전		법과 규제 환경 관리
	고객 복지		치명적 사고위험 관리
	판매 관행 및 상품 라벨링		체계적(systematic) 위험 관리

ESG 준 기후 변화에 대응하기 위한 각구 금융당구의 공조도 주목을 받고 있다. 한국은행을 비롯한 66개 중앙은행과 금융감

독기관이 참여하고 있는 '그린 금융시스템 네트워크NGFS: Network of Greening the Financial System'는 기후 리스크를 금융감독, 투자 포트폴리오, 정보공시체제에 반영하기 위한 각종 권고안과 가이드라인을 발표했다. 기후 리스크가 국가의 재정 건성성과 금융기관의 안정성에 영향을 미치는 만큼 이에 선제적으로 대응해야 한다는 게 NGFS의 판단이다. NGFS가 2019년에 발표한 6대 권고안의 내용이다.

1. 기후 관련 리스크를 금융안정성 모티터링 및 세부 금융감독에 반영
2. 지속가능성 요소를 중앙은행의 포트폴리오에 반영
3. 정보 격차 줄히기:공공기관은 기후 리스크 평가에 관련한 정보를 공유
4. 기후 변화 리스크에 대한 인식과 지적 역량 구축 및 기술지원과 지식 공유 장려
5. 체계적이고 국제적으로 통일된 기후 및 환경 관련 정보공시체제 구축
6. 녹색 경제활동 분류 체계 지원

한편, ESG 투자에 있어 가장 중요한 요소 중의 하나는 기업들이 환경, 사회, 지배구조 이 세 가지 요소를 얼마나 중시하고 잘

이해관계자 자본주의

실행하고 있는지에 대한 객관적인 평가를 하는 것이다. 국내에서는 한국ESG기준원이 매년 국내 상장기업에 대한 정규 ESG 등급을 발표하고 있다. 이 등급은 S, A+, A, B+, B, C, D 7단계로 구분되고 있다. 2023년 ESG 통합등급 부여 현황을 보면 S등급을 받은 기업은 없고, A+등급을 받은 기업이 2022년의 5개에서 19개로, A등급이 116개에서 172개로 각각 늘어났다. ESG 평가가 개선되는 추세를 나타냈다. 하지만 B등급 이하의 기업이 전체의 58%에 달해 여전히 ESG 경영 수준이 취약한 상태임을 드러냈다.

2023년 ESG 통합등급 부여 현황 (단위: 기업수)

등급	2023년	2022년	비고
S	0사	0사	
A+	19사 (2.4%)	5사 (0.6%)	▲ 1.8%p
A	172사 (21.7%)	116사 (15.0%)	▲ 6.7%p
B+	141사 (17.8%)	124사 (16.1%)	▲ 1.7%p
B	49사 (6.2%)	75사 (9.7%)	▼ 3.5%p
C	212사 (26.8%)	195사 (25.3%)	▲ 1.5%p
D	198사 (25.0%)	257사 (33.3%)	▼ 8.3%p
계	791사	772사	

자료: 한국ESG기준원

한국ESG기준원이 ESG 등급을 평가할 때 활용하는 부문별 핵심 지표는 아래와 같다. 이를 보면 ESG 등급을 평가할 때 기업이 고객, 근로자, 거래기업, 지역사회, 주주 등 이해관계자를 얼마나 중시하고 있는지가 지표에 포함돼 있다.

환경(E): 환경경영인증(ISO 14001), 환경정보 공개, 이해관계자 대응 국제이니시어티브 참여 등, 환경 경영 조직, 환경 교육, 환경 성과 평가, 온실가스 배출량, 에너지 사용량, 유해 화학물질 배출량, 용수 사용량/재이용량, 폐기물 배출량/재활용량

사회(S): 기간제 근로자 비중, 인권보호 프로그램 운영, 여성 근로자 비중, 협력사 지원, 공정거래 프로그램, 부패방지 프로그램, 제품 및 서비스 안전성 입증, 사회공헌 지출액

기업지배구조(G): 주주총회, 배당, 기업지배구조 공시, 이사회 독립성, 이사회 운영 실적, 이사회 내 전문위원회, 감사기구, 감사위원회 운영 현황, 외부감사 독립성, 이사회 운영 규정 등 공개, ESG 등급 공개

2023년 ESG 등급을 부여받은 기업은 모두 791개로 등급별로 기업 수를 보면, S(0), A+(19), A(172), B+(141), B(49), C(212), D(198)이다. 등급별 비율을 보면 C등급이 26.8%로 제일 높고, 다음으로 D등

이해관계자 자본주의

급 25.0%, A등급 21.7%, B+ 17.8% 순이다. A등급 이상을 받은 우수 ESG 기업 비율은 24.1%에 머물고 있다. ESG 측면에서 국내 기업들은 아직 갈 길이 멀다고 할 수 있다.

2023년 ESG 상위 등급 주요 기업 명단

등급	주요 기업
S	-
A+	HD현대건설기계, KB금융, NAVER, POSCO홀딩스, S-Oil, SK, SKC, SK가스, SK이노베이션, SK케미칼, 롯데정밀화학, 삼성물산, 삼성바이오로직스, 신한지주, 한국지역난방공사, 케이티앤지, 현대글로비스, 현대백화점, 현대위아
A	BNK금융지주, CJ, CJ CGV, CJ대한통운, CJ제일제당, DGB금융지주, GS건설, GS리테일, HD한국조선해양, HD현대중공업, LG, LG생활건강, LG유플러스, LG전자, LG화학, SK텔레콤, SK하이닉스, 금호타이어, 기업은행, 대상, 대우건설, 대한항공, 동국제강, 두산밥캣, 롯데쇼핑, 롯데지주, 미래에셋증권, 빙그레, 삼성SDI, 삼성생명, 삼성전자, 삼성화재해상보험, 신세계푸드, 아모레퍼시픽, 아시아나항공, 엔씨소프트, 엔에이치엔, 오리온, 우리금융지주, 이마트, 제일기획, 제주항공, 진에어, 카카오, 케이티, 팬오션, 포스코인터내셔널, 풀무원, 하나금융지주, 한국가스공사, 한샘, 한솔제지, 한진, 한화, 현대건설, 현대자동차, 현대해상, 호텔신라, 효성, 매일유업, 삼표시멘트, 카카오게임즈, 하림,

자료: 한국ESG기준원

이해관계자 자본주의의 측정^{SCM}

ESG는 기업이 이해관계자 자본주의의 개념을 환경, 사회, 지배구조의 측면에서 어떻게 경영에 반영하고 있는지를 평가하기 위한 기준이라고 할 수 있다. 목적은 투자자들이 자금 투자를 위한 의사 결정을 할 때 이를 중요한 판단 기준으로 삼도록 해 궁극적으로 기업들이 ESG를 개선하는 경영을 하자는 데 있다. 이를 통해 기업이 주주는 물론 모든 이해관계자를 위해 지속가능한 장기적 가치를 창출하도록 유도하자는 것이다.

이해관계자 자본주의의 관점은 기업의 경영을 평가하는 시각의 주체를 모든 이해관계자와 사회 전체로 확장한다. 어떤 기업에 투자할지 말지를 결정하는 관점도 중요하지만, 기업이 이해관계자를 존중하는 경영을 하고 있는지를 보다 큰 틀에서 조망하고 평가하는 것이다. 이런 맥락에서 세계경제포럼WEF은 세계 4대 회계법인인 딜로이트, EY, KPMG, PwC와 공동작업을 해 2020년 9월에 '이해관계자 측정지표SCM: Stakeholder Capitalism Metrics'를 내놓았다. SCM은 이해관계자 자본주의의 핵심을 규정하고 있다. 즉, 기업들이 이해관계자와 사회 전체를 위해 지속 가능한 장기적 가치를 창출하는지를 측정하는 지표인 것이다. SCM은 ESG 뿐만 아니라 유엔의 '지속가능 개발 목표SDGs: Sustainable Development Goals'를 향한 기업의 기여 정도를 평가하기 위한 기준도 포함하고 있다.[28]

SDGs는 UN이 지난 2015년에 인류와 지구를 위한 평화와 번영의 청사진으로 '지속가능 개발을 위한 2030 어젠다'를 발표하면서 함께 나왔다. 당시 UN이 주도한 지속가능개발 정상회의는 이 어젠다와 이를 실행하기 위한 17개의 '지속가능 개발 목표SDGs'를 채택했다. UN은 이들 목표의 실현을 위해 모든 국가에 긴급한 행동을 촉구했다.

---

28   WORLD ECONOMIC FORUM(2020.9), 'Measuring Stakeholder Capitalism: Towards Common Metrics and Consistent Reporting of Sustainable Value Creation'

17개 '지속가능 개발 목표^{SDGs}'

1. 가난의 종식

2. 기아의 종식

3. 좋은 건강 상태와 복지

4. 질 좋은 교육

5. 성평등

6. 맑은 물과 위생

7. 사용 가능한 청정에너지

8. 적절한 근로와 경제성장

9. 산업, 혁신 그리고 인프라

10. 불평등 완화

11. 지속가능한 도시와 지역사회

12. 책임있는 소비와 생산

13. 기후 행동

14. 해양과 해양자원 보존

15. 지상 생태계 보호

16. 평화와 정의, 그리고 포용적 기관

17. 목표를 향한 파트너십

<그림 6> UN '지속가능 개발 목표(SDGs)' 로고

1 NO POVERTY

2 ZERO HUNGER

3 GOOD HEALTH AND WELL-BEING

4 QUALITY EDUCATION

5 GENDER EQUALITY

6 CLEAN WATER AND SANITATION

7 AFFORDABLE AND CLEAN ENERGY

8 DECENT WORK AND ECONOMIC GROWTH

9 INDUSTRY, INNOVATION AND INFRASTRUCTURE

10 REDUCED INEQUALITIES

11 SUSTAINABLE CITIES AND COMMUNITIES

12 RESPONSIBLE CONSUMPTION AND PRODUCTION

13 CLIMATE ACTION

14 LIFE BELOW WATER

15 LIFE ON LAND

16 PEACE, JUSTICE AND STRONG INSTITUTIONS

17 PARTNERSHIPS FOR THE GOALS

SDGs와 ESG를 모두 포괄하고 있는 WEF의 '이해관계자 자본주의 측정지표SCM'의 목표는 기업들이 매년 공시하는 재무제표에 이를 포함시키도록 함으로써 지배구조와 비즈니스 전략, 그리고 성과 관리 등에 반영하게 하자는 것이다. 기업 스스로 이해관계자를 존중하는 경영을 해 장기 가치를 창출하고 있는지를 입증하게 하자는 것이다. SCM은 이해관계자 자본주의가 기업 경영에 착근되도록 하기 위한 구체적 실행방안인 셈이다. SCM은 모두 21개의 핵심 지표core metrics와 34개의 확장 지표expanded metrics로 구성돼 있는데 크게 4개의 축으로 나뉘어져 있다. 이 4개의 축은 지배구조 원칙, 지구, 사람, 그리고 번영이다.

이해관계자 측정지표의 4개 축에는 각각 이를 구성하는 핵심 주제와 지표들이 있다. 먼저 지배구조의 원칙은 지배구조의 목적과 질, 이해관계자의 참여, 윤리적 행동 등을 평가하는 항목들로 구성돼있다. 다음으로 '지구'는 기후 변화를 비롯해 자연 훼손, 신선한 물의 가용성 등이 핵심 주제이다. 또 '사람'은 평등, 건강, 복지 등 중요한 가치를 제시하고 있다. 마지막으로 번영은 고용 창출, 상품 혁신 등이 주요 주제이다. 항목별 상세한 주세와 핵심 지표는 '표:SCM의 4개 축'에 정리돼있다.

주요 주제를 살펴보면 먼저 지배구조 원칙에 있는 '이해관계

SCM의 4개 축

항목	내용
지배구조 원칙 (Principles of Governance)	기업의 목적을 비즈니스 핵심에 둘 것으로 기대됨에 따라 지배구조의 정의가 진화하고 있다.
지구(Planet)	지속가능한 소비와 생산, 기후변화에 대한 긴급한 행동 등을 통해 지구를 보호함으로써 현재와 미래 세대의 필요를 지원한다.
사람(People)	가난과 기아를 종식시키고, 건강한 환경 속에서 품위있고 평등하게 잠재력을 실현하게 한다.
번영(Prosperity)	모든 사람이 번영을 누리게 하고 경제적, 사회적, 기술적 진보가 자연과 조화를 이루도록 한다.

자 참여'는 이해관계자의 관심사를 파악하는 것을 포함해 이들과 소통하는 것을 의미한다. 특히 이해관계자가 누구인지를 정의하고 그들의 의견을 적극적으로 듣는 것이 중요하다. '윤리적 행동'은 기업이 법과 사회적 규범에 맞춰 윤리적으로 행동하는 것을 뜻하는데 이는 장기적 가치 창출에 핵심적인 요소이다. 특히 이해관계자들이 더 큰 투명성을 요구함에 따라 단순히 법을 지키는 것만으로는 부족한 것으로 지적되고 있다. 예컨대 로비 활동의 경우 준법을 넘어서 그 활동이 기업의 목적, 전략 그리고 가치와 일치하는지를 확인하고 보고하는 게 필요하다는 것이다.

다음은 '지구'의 주요 주제, 기후변화는 두말할 나위 없이 인류 사회의 성장과 진보에 큰 영향을 미치는 중요한 요소이다. 자연 훼손은 기업에 실질적인 리스크가 되고 있고 미래의 생활 수준과 복지에 커다란 위협이 되고 있다. WEF와 PwC의 보고서에 따르면 세계 총 GDP의 절반이 넘는 44조 달러 규모의 경제적 가치 창출이 자연에 의존하고 있어 자연 보존이 그만큼 중요한 의미를 갖고 있다.

이해관계자 측정 지표 중 '사람'에 관한 주요 주제는 평등과 건강, 복지이다. 먼저 평등은 채용, 선발, 훈련, 승진 등에 있어 모든 직원에게 공정한 기회를 제공하는 데 초점을 맞추고 있다. 성, 연령, 인종 등 기준으로 차별을 해서는 안된다. 다양성을 존중하고 평등한 기회를 제공함으로써 기업은 대표성이 약한 그룹과 소수자를 노동시장에 참여하게 함으로써 인재의 풀을 더 넓힐 수 있다. 건강과 복지의 경우 이해관계자들은 점점 더 기업이 근로자와 그 가족의 건강에 관심을 두고 적절한 신체적, 정신적 건강을 유지할 수 있는 권리를 인정해 줄 것을 기대하고 있다. 이에 따라 이 주제는 기업이 자체 운영에서뿐만 아니라 가치 사슬 전반에 참여하는 모든 사람에게 건강, 안전, 그리고 정신적, 신체적, 사회적 복지를 보장해줄 것을 요구하고 있다.

마지막으로 '번영' 주제의 주요 가치 중 '고용, 혁신, 지역 사회'에 대해 얘기해보자. 기업은 일자리 창출과 투자를 통해 근로자,

주주, 그리고 더 넓게는 사회를 위해 중요한 경제적 가치를 창출해야 한다. 특히 팬데믹 와중에서 기업이 고용을 유지하고 창출하는 것은 매우 중요하다. 또 혁신을 통해 기업은 소비자의 변화하는 필요와 욕구를 충족시키는 더 나은 상품과 서비스를 창출하는 데 기여해야 한다. 기업은 환경과 관련된 혁신 등 복잡한 문제에 대한 해법을 찾아내고 이를 상업화하는데 중요한 역할을 맡고 있다. 이와 함께 기업은 지역 사회의 활력을 지원하기 위해 필요한 자원을 기여해야 한다. 이는 지역 사회에 대한 직접적 투자를 통해 이뤄질 수도 있고, 납세를 통해 해당 지방 정부의 재정을 확충해주는 방식으로도 이뤄질 수 있다.

지금까지 살펴본 것처럼 SCM은 이해관계자 자본주의의 실현을 위해 기업이 가치 사슬 전 과정에 걸쳐 존중하고 반영해야 할 이해관계자의 가치와 사회적 가치를 모두 포괄하고 있다. ESG가 목표로 하는 환경, 사회, 지배구조와 지속가능 정상회의에서 채택된 17가지 지속가능 개발 목표^{SDGs}를 모두 담고 있는 만큼 기업이 얼마만큼 이해관계자를 존중하고 사회를 위해 장기적 가치를 창출하는지를 평가할 수 있는 중요한 준거틀이 될 것으로 보인다.

WEF와 세계 4대 회계법인이 참여해 만든 SCM은 출발부터

SCM 핵심 지표와 공시 개황

항목	주제(Theme)	핵심지표 및 공시
지배구조 원칙	지배구조 목적	기업의 기술된 목적. 기업은 주주를 포함한 모든 이해관계자에게 가치를 창출해야 함.
	지배기구의 질	지배기구의 구성: 최상위 지배기구와 그 위원회의 구성, 경제 환경 사회 이슈와 관련된 능력 등
	이해관계자 참여	어떻게 의제 선정을 하고 어떻게 이해관계자와 소통하는가.
	윤리적 행동	반부패, 윤리적 조언 보호와 보고 메커니즘
	리스크/기회 감독	기업이 직면하고 있는 중요한 리스크와 기회를 분명하게 인식하고 이를 공시함.
지구	기후 변화	이산화탄소 등 온실가스 배출량 보고, 기후 관련 금융공시 태스크포스(TCFD)의 권고를 완전하게 실행.
	자연 훼손	토지 사용과 생태적 민감도: 보유, 임대, 또는 관리 토지의 개수와 면적을 보고
	신선한 물 가용성	물 소비와 물 부족 지역에서의 철수: 철수 지역의 물과 물 소비량을 보고
사람	품위와 평등	• 다양성과 포용: 연령별, 성별 근로자 구성 등 • 급여 평등성:남녀, 인종간 급여 비율 등 • 임금 수준:지역 최저임금 대비 표준 초임의 비율, 근로자 중위 연봉 대비 CEO 연봉의 비율 • 아동 산재 리스크와 강요된 노동·생산활동과 거래기업의 유형, 해당 위험이 있는 국가와 지역
	건강과 복지	건강과 안전: 산재로 인한 사망자의 수와 사망률, 주요 산재 유형, 근로자의 의료 및 헬스케어 서비스에 대한 접근성 설명
	미래를 위한 스킬	제공되는 훈련: 보고 기간 중 근로자 1인당 훈련 시간, 정규직 근로자 1인당 훈련 및 개발 지출 평균액
번영	고용과 부 창출	• 절대적 고용 시간과 고용률:보고 기간 중 신규 채용 근로자 수, 이직자 수 및 비율 등 • 경제적 기여:매출, 비용, 임금 및 복지, 지역사회 투자 등 발생하고 분배된 직접적, 경제적 가치. 정부의 금융 지원 등 • 재무적 투자 기여:총 투자, 자사주 매입과 배당

번영	상품/서비스 혁신	연구개발비 총액
	지역사회/사회의 활력	납부 세금: 법인세, 재산세, 부가가치세, 판매세, 사업자 부담 근로소득세 등 기업이 부담한 글로벌 세금 총액

대표성을 인정받고 있다. 앞으로 이해관계자 논의가 더욱 활성화 될 것으로 보이는 가운데 이에 대한 추가적인 논의를 거쳐 이를 실제로 시행하기 위한 공감대와 실행 계획안이 만들어지면, 이해 관계자 자본주의를 본격적으로 출범시키기 위한 시간표가 작성 될 수도 있을 것으로 보인다. SCM은 이를 위한 중요한 첫 걸음이 라고 할 수 있다.

이와 별도로 주목되는 또 하나의 움직임은 지속가능성 보고 기준을 세우는 글로벌 5대 기관의 공조 작업이다. 여기에 참여하 고 있는 기관은 CDP, CDSB, GRI, IIRC, SASB이다. CDP는 환 경을 관리하기 위해 투자자, 기업, 도시 그리고 국가를 대상으로 공시하는 기관으로 이들이 환경에 미치는 영향을 측정해 'CDP 점수'를 발표하고 있다. 기업과 환경 NGO의 국제 컨소시엄 단체 인 CDSB는 기업이 연차보고서에 환경과 기후 변화 관련 정보를 공개하는 기본 틀을 개발해 운영하고 있는데 현재 32개국의 374 개 기업이 이를 활용하고 있다. GRI는 100여 개의 나라에 수천 명의 리포터를 두고 GRI 기준에 따라 지속가능 보고서를 공표하고 있다. 이해관계자와 기관들이 경제적, 환경적, 사회적 유익을 창출하는 의사 결정을 하도록 돕고 있다. 또 정부, 기업, 투자자, 회계 전문가, 학계, 그리고 NGO의 연합체인 IIRC는 전략, 지배구조, 성과 그리고 전망을 상업적, 환경적, 그리고 사회적 맥락에서 통합 보고하는 시스템을 구축하고 있는 기관이다. 마지막으로 SASB는 ESG 등 재무적으로 중요한 지속가능 이슈를 투자자들에게 제공하고 있으며 특히 어떤 ESG 이슈가 특정 산업과 기업에 재무적으로 중요한 이슈인지를 파악하도록 돕기 위해 중요성 지도Materiality Map를 운영하고 있다. 이들 5개 기관은 세계경제포럼과도 공조하고 있다. 말 그대로 세계적인 공시표준 기관들이 지속가능성, 환경, 이해관계자 등을 모두 포괄하는 기업 공시표준을 만들기 위해 큰 틀의 논의 체계를 가동하기 시작한 것이다. 그런 만큼 이들이 만들어 낼 포괄적 공시 기준과 앞에서 소개한 세계경제포럼의 '이해관계자 측정 지표'가 연동될 경우 이해관계자 자본주의 가동을 위한 상당히 포괄적인 새로운 기업 공시 기준이 탄생할 가능성이 크다.

이들 5개 기관이 현재 진행하고 있는 작업의 큰 틀은 재무 실적 중심으로 돼 있는 기존 기업 공시에 기후 변화, 팬데믹 등 지속가능 이슈를 통합한 포괄적인 공시 기준을 만드는 것이다. 기존의 재무제표에 지속가능성 이슈를 모두 통합해서 하나의 기업 공시를 통해 재무와 비재무적 성과를 한눈에 볼 수 있도록 하겠다는 것이다. 이는 이해관계자들이 이 같은 변화를 요구하고 있는 데다 지속가능성과 재무적 성과가 높은 상관관계를 보이고 있다는 판단에 따른 것이다. 실제로 HSBC가 750개가 넘는 상장사를 조사한 결과 ESG를 잘 인식하고 있는 기업이 코로나19로 인한 경기 불황 국면에서도 좋은 경영 성과를 보인 것으로 나타났다. 또 MSCI도 ESG 등급이 높은 채권과 주식이 지수보다 더 좋은 수익률을 보였다는 분석 결과를 내놓았다. 캐나다 연금투자위원회CPPIB도 지속가능성이 장기 가치를 창출할 가능성이 크다는 판단에 따라 이를 투자기준에 포함시켰다. 이들 5개 기관은 포괄적 기업 공시 기준을 만들기 위한 의향서에 서명했는데 주요 내용을 소개한다.

우리는 지속가능성 공시표준을 만들기 위한 여건이 성숙했다고 믿고 있다. 기후변화, 글로벌 팬데믹, 그리고 점점 더 분명해지는 지속가능성과 재무적 성과 사이의 상관관계가 이를 더 서두르게 하고 있다. 생태계 전반의 이해관계자들이 이를 인식하고 있고, 정책 당국자를 포함한 많은 관계자의 행동을 요구하고 있다. 지속가능성과 서로 연결된 공시를 위한 표준을 만드는 글로벌 선도기관으로서, 우리의 노력은 포괄적인 기업 공시 시스템을 만드는 진전을 이루어 갈 것이다. 기업의 가치 창출에 중요한 지속가능성 공시는 연례 재무제표에 이미 반영되고 있는 정보들과 함께 공시돼야 한다. 따라서 모든 기관이 하나의 지붕 아래서 작업하는 것이 매우 바람직하다.

CDP 등 5개 기관은 작업의 방향성을 보여주기 위해 기후 변화를 예로 들어 포괄적 공시 기준을 예시했다. 예시된 이 기준은 지배구조, 전략, 리스크 관리, 측정지수와 목표 등 4가지 중심축을 중심으로 소개되고 있는데 이는 G20 재무장관과 중앙은행총재들이 금융안정위원회FSB:Financial Stability Board 안에 만든 '기후변화와 관련된 재무 정보 공개를 위한 태스크포스TFCD'가 만든 권고 안이다.[29] TFCD는 금융기관이 기후 변화 정보를 토대로 여신 등 서비스를 제공하도록 기업과 금융기관의 기후 변화 관련 재무 정보를 공개하도록 요구하고 있다.

종합하면, 세계경제포럼이 만든 이해관계자 측정지표SCM는 이해관계자를 존중하고 이들의 이익을 반영하는 기업 경영이 이뤄지고 있는지를 전반적으로 평가하기 위한 광범위한 지표들을 포함하고 있다. 기후 변화 같은 요인뿐만 아니라 이해관계자에 대한 가치 창출, 고용의 다양성과 안전, 연구개발비, 납세 실적 등

---

29 G20 재무장관과 중앙은행 총재들은 기후변화가 기업에 미치는 영향을 이해하고, 의사결정을 하는 데 도움이 되는 양질의 정보 공개가 필요하다는 데 공감하고 FSB에 이를 검토하도록 요청했다. 이에 따라 FSB는 TCFD를 설립했다. TCFD는 이후 관련 정보공개 형식을 개발했고, 2017년 6월 최종 권고안 및 지침을 발표했다.

포괄적 공시 기준 예시(기후 변화)

항목	추천 공시
지배구조	a) 기후 관련 리스크와 기회에 대한 이사회의 감독에 대해 기술 b) 기후 관련 리스크와 기회를 평가하고 관리하는 데 있어 경영진의 역할을 기술
전략	a) 단기, 중기, 장기에 확인된 기후 관련 리스크와 기회를 기술 b) 기후 관련 리스크와 기회가 비즈니스 전략과 재무 계획에 미치는 영향에 대해 기술 c) 기온별 시나리오를 고려한, 전략의 회복 탄력성에 대해 기술
리스크 관리	a) 기후 관련 리스크를 확인하고 평가하기 위한 절차에 대해 기술 b) 기후 관련 리스크의 관리 절차에 대해 기술 c) 기후 관련 리스크를 확인, 평가, 관리하는 일이 어떻게 전반적인 리스크 관리에 통합되고 있는지에 대해 기술
측정 방식 및 목표	a) 전략 및 리스크 관리의 관점에서 기후 관련 리스크와 기회를 평가하는 측정 방식을 공시 b) 온실가스 배출량과 관련 리스크를 공시 c) 기후 관련 리스크와 기회를 관리하기 위한 목표치, 그리고 목표치 대비 실적을 기술

자료: Statement of Intent to Work Together Towards Comprehensive Corporate Reporting

다양한 지표를 통해 기업을 이해관계자 자본주의의 관점에서 종합진단하기 위한 지표를 제시하고 있다. 이에 비해 글로벌 5대 공시 표준 기관들이 작업 중인 내용은 지속가능성 이슈를 기존의 재무 공시와 통합하는 데 초점이 맞춰진 만큼 SCM에 비해 관점은 좁히되 좀 더 세밀하게 들여다보는 '정밀진단 공시' 같은 성격을 보이고 있다. 결국 두 지표가 완성되면 상호 보완성을 가지고 이해관계자 자본주의를 좀 더 정확하게 측정하고 실행되게 하는 두 축으로 기능하게 될 것으로 보인다.

4

자본주의 혁신을 위한
실행 과제

기업지배구조는 적절한 이사회 구조를 통해
경영진의 이해를 기업의 목적과 일치시키고
이해관계자에 대한 책임을 규정해야 한다.
기업지배구조는 기업의 목적을 실현하기 위한 가치들을 결정해야 한다.

영국 학술원

해결해야 할 과제들

이해관계자 자본주의 논의가 활기를 띠고 있는 가운데 적지 않은 기업들이 이미 이에 참여하겠다는 의사를 보이고 있다. 브루킹스연구소 집계를 보면 대기업의 80% 이상이 UN에 제시한 '지속가능 개발 목표^{SGGs}'에 기여하겠다는 의사 표명을 했다. ESG 자산운용 규모는 45조 달러에 이르는 것으로 추산되고 있다.[30] 특히 환경 분야에 대한 조치는 각국 정부는 물론 글로벌 차원에서 더욱 강화될 것으로 보인다. 무엇보다 코로나19로 인한 팬데믹 속에서 기후 변화로 인한 극단적 충격인 '그린 스완'에 대한 우려의 목소리가 커지고 있기 때문이다. 특히 EU가 그린딜과

---

30 BROOKINGS(2020.10.28.), 'Building stakeholder economy'

기후법 제정을 추진하는 등 유럽과 UN을 중심으로 진행돼온 기후·환경 관련 국제적 대응은 미국이 동참하면서 더 강화될 것으로 전망된다. 바이든 행정부는 파리기후변화협정에 재가입하고 탄소 중립 정책을 가속화할 것으로 보여 2021년부터는 녹색 경제로의 전환에 본격적으로 시동이 걸릴 것으로 보인다.

민간 부문에서는 이해관계자 자본주의의 정신을 이미 실천하고 있는 기업들도 적지 않다. 브라질의 4위 화장품 그룹인 내츄러Natura & Co는 오래전부터 재무적 성과뿐만 아니라 사회 및 환경 지표를 발표해왔다. 이 회사는 2007년부터 탄소 중립 상태를 유지해왔으며 2014년에는 남미 기업으로서 처음으로, 또 글로벌 대기업으로서 처음으로 '비콥B Corporation' 인증을 받았다. 비콥 인증은 사회, 환경적 성과를 검증받고 투명성 등에서 기준을 충족하면서 사회적 이익과 재무적 이익을 균형 있게 조화시키는 기업에 주어지고 있다. 현재 74개국 150개 산업에서 3,585개 기업이 인증을 받은 상태이다. 내츄러는 소비자의 높은 평가를 받아 2009년~2019년의 기간에 매년 12%에 가까운 성장을 지속해왔다.

거래기업을 참여시켜 이해관계자 자본주의를 실천하고 있는 기업도 있다. 스타벅스는 거래기업이 근로자에게 최저 임금을 지급하고, 아동을 채용하지 않고, 생물다양성을 존중하고 있는지를 점검하고 있다. 오는 2030년까지 공급체인 전반에 걸쳐 온실가스 배출을 수십 톤 줄이기로 한 월마트는 2,000개 이상의 미국 소재 거래기업들과 재생에너지를 공동 구매하고 있다. 환경도 보호하면서 에너지 구매 비용도 낮추는 효과를 보고 있다. 중국의 레스토랑 체인인 하이디라오는 질 높은 고객 서비스와 높은 종업원 만족도로 주목을 받고 있는 기업이다. 이 체인 지점에서 매니저는 매출로 평가받지 않고 고객과 종업원 만족도로 평가를 받고 있다. 직원에게는 상당한 자율성이 허용된다. 직원들은 본인이 원하면 매니저의 허가 없이 고객에게 무료 음식 같은 선물을 제공할 수 있다. 직원들은 개인적으로 긴급한 일이 생기면 자금 지원을 받는 등 많은 복지 혜택을 누리고 있다. 그 결과 이 회사의 직원 이직률은 10%로 레스토랑 업계의 40%보다 크게 낮은 수준을 유지하고 있다. 기업은 재무제표 이상의 것이며 인간적 유대감이 중요함을 잘 보여주고 있다.

이렇듯 여기저기에서 이해관계자 자본주의의 씨앗이 뿌려지고 있지만 아직은 시작에 불과하다. 그런 만큼 해결해나가야 할 과제들이 적지 않다. 무엇보다 모호한 개념과 기준을 더 명확하게 해야 할 것으로 지적되고 있다. 또 기업이 내건 가치와 현실이 충돌하는 사례들도 일어나고 있다. 이해관계자 자본주의의 깃발을 올린 BRT 성명에 서명한 아마존의 경우 미 의회 조사에서는 자사 플랫폼에서 상품을 파는 판매자들의 데이터와 정보를 활용한 것으로 밝혀졌다. 또 뉴욕 타임스 보도를 보면 BRT 공동 회장인 메리어트 인터내셔널의 아르네 소렌손 회장은 팬데믹 사태 속에서 경영 상황에 따라 수천 명의 근로자에게 무급 휴직을 실시하겠다고 발표한 지 2주도 안돼 주주들에게 1억 6,000만 달러의 배당을 지급했다.[31] 말로는 이해관계자를 중시하겠다고 해놓고 실제로는 그렇지 않다는 비판을 받을 수 있는 대목이다. 반면에 모범이 되는 기업들도 있다. 블랙록은 핵심 의료 장비를 포함해 5,000만 달러 규모의 긴급 서비스를 병원들에게 제공했다. SAP은 인종 포용성을 보인 대표적 기업으로 평가받고 있다.

이렇게 엇갈리는 사례들은 기업이 단기 이익을 포기하고 이해관계자를 위한 장기 이익을 추구하는 게 현실적으로 큰 도전임을 보여주고 있다. 하지만 이게 이해관계자 자본주의의 필요성과 가치를 부정하는 것은 아니다. 오랜 시간 주주가치 극대화에 몰두해온 기업이 개별적인 결심만으로 하루아침에 '이해관계자 기업'으로 변모할 수는 없을 것이다. 공감 폭이 커지고 있는 만큼 이를 실행하는 기업들이 늘어나고, 그러면서 입법, 정책, 제도 등을 통해 기반이 만들어졌을 때 이해관계자 자본주의는 완성

---

31 New York Times(2020.9.24.), 'Stakeholder Capitalism Gets a Report Card. It's Not Good'

될 것이다. 앞에서 소개한 ESG 투자만 해도 이미 자본시장에서 상당히 자리를 잡은 상태이고 유엔이 제시한 SDGs도 많은 기업의 호응 속에 탄력을 받고 있다. 또 WEF가 제안한 SCM이든 국내 회계학회에서 논의된 이해관계자 중심의 통합재무제표든 기업이 실제로 이해관계자 중심의 경영을 하는지를 공시하는 것을 제도화하는 방안에 대한 논의도 심도 있게 진행되고 있다. '단기 이익'과 '장기 이익'의 충돌 사례는 계속 나타내겠지만 이런 사례들이 대세를 형성하면 사회와 공생하고 호흡하는 기업 경영이 더 가시화될 것으로 기대해본다.

그러면 이해관계자 자본주의를 착근시키기 위해서는 어떤 조치들이 필요할까? BRT가 이해관계자 자본주의와 관련된 성명을 발표한 지 세 달 뒤인 2019년 11월에 영국 학술원The British Academy는 '목적 있는 비즈니즈 원칙Principles for Puoposeful Business'이란 자료를 통해 장기적 기업 및 사회 가치 창출을 통해 '이해관계자 경제'로 가기 위해서는 광범위한 개혁조치가 필요하다고 강조하고 8가지 원칙을 제시한다. 영국 학술원은 이 자료에서 기업의 목적은 인류와 지구의 문제를 유익하게 해결하는 것이지, 문제를 일으키면서 수익을 올리는 것은 아니라고 강조한다. 또 기업의 목적은 시민, 조직, 사회 그리고 국가가 직면한 문제를 풀어가는 것을 어떻게 도울 것인지를 찾아내는 것이라고 규정한다. 영국 학술원이 이해관계자를 존중하는 기업 경영을 실현하기 위해 제안한 개혁 조치는 회사법의 개정, 이사회의 적극적 역할, 기업과 이해관계자의 파트너십 관계 설정 등이다.

1. 회사법은 기업의 목적을 기업의 핵심으로 삼아야 하며 이사들이 이 목적을 기술하고 약속하게 해야 한다.
2. 기업이 중요한 공적 기능을 수행할 때 기업의 이사들이 공공의 이익에 대한 높은 수준의 참여와 충성도, 그리고 관심을 보이도록 규제가 필요하다.
3. 소유권은 주주들의 의무를 인식해야 하며, 재무적 이익을 얻는 권리뿐만 아니라 주주들이 기업의 목적을 지지하는 데 참여하는 것을 포함한다.
4. 기업지배구조는 적절한 이사회 구조를 통해 경영진의 이해를 기업의 목적과 일치시키고 이해관계자에 대한 책임을 규정해야 한다. 기업지배구조는 기업의 목적을 실현하기 위한 가치들을 결정해야 한다.
5. 기업이 근로자와 사회, 회사 내외부의 자연 자산에 영향을 미치고 투자한 것을 측정해야 한다.
6. 기업의 목적이 실현되고 그것을 실현하는 과정에서 들어간 비용을 뺀 이익이 측정돼야 한다.
7. 기업의 자금조달은 기업의 목적에 더 부합하면서 장기적 투자를

할 수 있는 형태와 만기 구조로 이뤄져야 한다.

8. 투자는 기업의 목적을 달성하는 데 기여하는 민간, 공공, 비영리 기관들과 파트너십 아래 이뤄져야 한다.

영국 학술원이 제기한 이슈 중 회사법 개혁 문제에 대해 좀 더 살펴보자. 현재 세계 각국의 회사법은 주주우선주의에 기반을 두고 있다. 이에 따라 회사법 개정을 통해 이사들이 기업이 장기적 이익을 추구하는 데 있어 책임 있는 역할을 하도록 해야 한다는 지적이 제기되고 있다. 이와 관련해 2020년 7월에 유럽연합 집행위원회가 발표한 '이사의 의무와 지속가능한 지배구조에 대한 연구'는 보다 구체적인 실행 방안을 담고 있어 눈길을 끌고 있다.[32] 집행위원회는 이 자료에서 이사들이 회사의 장기적 목표와 환경적 지속가능성을 추구하도록 회사법을 개정할 필요가 있다고 강조했다.

유럽연합EU의 문제의식은 다음과 같다. EU내 상장 기업들이 주주의 단기이익에만 치중해 부작용이 크다는 것이다. 실제로 당기순이익 중 배당금의 비율이 1992년의 1%에서 2018년에는 4% 수준으로 네 배나 급상승한 반면 수익 대비 투자 및 연구개발비

---

32 European Commission(2020.7), 'Study on director's duties and sustainable corporate governance'

의 비율은 하락세를 지속하고 있다. 기업의 장기 가치가 훼손되고 있다. EU는 문제의 근원을 들여다 본 결과, 기업과 이사들이 단기적 주주가치 극대화에 초점을 맞추고 있는 데다 장기적 가치를 희생시키고 단기이익을 늘릴 것을 요구하는 주주의 압박이 점점 강해지고 있다고 지적했다. 또 현행 기업지배구조가 이해관계자의 장기적 이익을 충분히 반영하지 못하고 있는 등 문제점이 드러났다고 밝혔다. EU는 개입이 필요한 시점이라고 판단하고 있다. EU는 지속 가능한 기업 지배구조를 만들고 기업이 지속 가능한 가치를 창출하도록 하기 위해 3가지 방안(아래 참고)을 제시했는데 앞으로 관련법 개정 등을 통해 제도가 개편될 것으로 예상된다.

옵션 1: 인식을 제고하기 위한 활동, 커뮤니케이션 등을 통해 지속 가능한 기업지배구조 관행을 확산시키는 방안

옵션 2: 기업지배구조가 지속가능성을 지향하도록 국가 규제를 강화하는 방안

옵션 3: EU가 법적 개입을 통해 장기적 가치 창출을 향상시키기 위해 최소한의 일반 규칙을 만드는 방안

역풍 앞에 선 빅테크

이해관계자 자본주의의 논의와 관련해 당장 주목을 끄는 사안은 구글, 페이스북, 아마존, 애플 등 이른바 빅테크 기업들의 독과점 문제와 이에 대한 각국 정부의 대응 방향이다. 독과점은 경쟁을 저해하면서 소비자와 거래기업 등 이해관계자에게 해를 끼치는 행위이기 때문이다. 미국의 경우 법무부가 이미 구글을 상대로 반독점 소송을 제기했으며 페이스북도 공정거래위원회와 48개주로부터 반독점법 위반 혐의로 피소된 상태이다. 이에 앞서 미 하원 소위에서도 민주·공화 양당이 테크 대기업의 반독점 행위를 조사한 보고서를 내놓았다. 이런 분위기 속에서 출범하는 바이든 행정부는 빅테크 기업에 대해 강도 높은 조치를 취할 것으로 보인다. 반독점 행위는 위법일 뿐만 아니라 이해관계자 자본주의의 가치를 훼손하고 있어서이다.

  국내에서는 최근 네이버와 구글이 같은 시기에 논란이 되고 있다. 네이버쇼핑과 동영상이 검색 알고리즘을 조정·변경해 자사 서비스를 우선 노출하고 경쟁사를 밑으로 내리는 행위를 해온 것으로 공정거래위원회의 조사 결과 드러났다. 먼저 네이버쇼핑은 자사 오픈마켓에 입점한 업체의 상품이 검색 결과 상단에 노출되기 쉽도록 알고리즘을 바꿨다. 그 결과 네이버 오픈마켓 상품의 노출 점유율이 2015년 3월의 12.7%에서 2018년 3월에는 26.2%로 크게 상승했다. 이에 비해 경쟁사인 11번가, G마켓, 옥션, 인터파크 등 오픈마켓 상품의 점유율은 2%~4% 포인트 가까이 떨어졌다. 이뿐만이 아니다. 네이버는 검색 알고리즘을 개편해놓고도 판도라TV와 아프리카TV 등 경쟁사에 알려주지 않거나 네이버TV 등 자사 동영상에 가점을 주는 방식으로 자사 동영상의 노출 수를 크게 늘렸다. 이 영향 탓에 다른 제휴사의 노출은 줄어들었다. 공정거래위원회는 네이버에 시정명령을 내리고 267억 원 규모의 과징금 부과를 결정했다. 검색 결과가 객관적이라고 믿어온 소비자를 기만하고 시장의 경쟁을 왜곡했다고 공정위는 단호하게 판정했다.

  구글은 구글플레이 안에서의 결제방식을 2021년 1월부터 바꾸기로 했다가 문제가 됐다. 이른바 인앱^{in-app} 결제 이슈이다. 구글은 현재 국내 모바일 매출액 중 점유율이 동영상과 사진 63.8%, 웹툰 67.2%, 음원 매출 65.6%에 이르고 있다. 구글은 그동안 게임 앱에만 30%의 수수료를 물려왔으나 앞으로는 웹툰과 음원 등 모든 앱의 개발사에 이를 부담시키기로 했다. 구글은 이미 해외에서 시행 중인 제도를 한국에도 적용하려는 것이라고 말하고 있다. 하지만 속내는 다른 것으로 알려지고 있다. 매출의 60%를 차지하는 검색 광고의 성장세가 둔화되자 이런 방식으로 다른 수익원을 확보하려는 의도를 보였다는 지적이다. 개발사들은 구글의 이 같은 움직임이 횡포라며 크게 반발했다. 영업이익률이 높지 않은데 갑자기 30%를 내라고 하면 생존이 어렵다고 소리를 높였다. 상황이 심각하게 돌아가자 공정위 등 정부 부처는 실태조사에 들어갔고, 국회에서는 이를 막는 법안이 제출되는 등 강경 분위기였다. 분위기가 심상치 않자 구글은 시행 시기를 일단 2021년 9월로 늦추기로 했다. 시간을 다소 벌기 위한 결정이지만 반발 수위가 높은 만큼 원안 그대로의 강행은 쉽지 않아 보인다.

시장지배력이 큰 '빅테크' 기업의 독과점 문제가 국내에서도 점차 수면 위로 떠오르고 있는 것이다. 네이버는 물론 구글, 페이스북, 애플 등 빅테크 기업들이 생활 인프라가 된 것은 이미 오래전의 일이다. 정보 검색, 뉴스 소비, 쇼핑, 지인들과의 소통, 디지털 콘텐츠 구매 등 대부분 일상의 일이 이들 기업이 만들어 놓은 가상의 플랫폼 위에서 이뤄지고 있다. 빠른 디지털화로 경제의 효율성이 제고됐을 뿐만 아니라 소비자의 편익도 확대됐다. 하지만 이들 IT 기업이 급속하게 덩치를 키우면서 불공정 거래 등 부작용이 경고음을 내고 있다. 우리나라는 이제 시작에 불과한 편이다.

빅테크에 대한 역풍은 미국에서 본격화하고 있다. 그 주 무대는 미국 하원. 1년 6개월 동안 GAFA(구글·아마존·페이스북·애플)를 조사해온 하원 반독점 소위원회는 449쪽 분량의 보고서를 내놓았다. 대응 방안에 대한 이견으로 공화당 측 위원들은 별도의 보고서를 발표했다. 민주당은 빅테크 기업들이 주 사업을 다른 사업과 분리할 것을 강조했다. 예컨대 아마존이 온라인 마켓에서 자사 제품을 팔지 못하게 하자는 것이다. 이에 대해 공화당측은 그같은 방안이 시장에 지나치게 개입하는 것이라며 반대했다. 이같이 두 당 사이에 부분적으로 이견이 존재하지만, 빅테크의 독과점 행위를 보는 기본적인 문제 인식에는 민주·공화 양당이 의견을 같이했다. 이번 보고서의 결론은 이렇다. 빅4 테크 기업이 검색과 스마트폰, 쇼핑, 소셜 네트워킹 등 시장에서 지배력을 강화하기 위해 반경쟁적 독점력을 남용했다는 것이다. "이들 기업이

사회에 혜택을 가져다 준 것은 분명하지만, 이들의 시장지배력으로 사회가 비용을 치르고 있다"는 게 보고서의 진단이다. 미 하원 소위원회는 그동안 일각에서 거론돼온 빅테크 기업의 분할 같은 강경 입장은 일단 배제하는 대신 현행 반독점법의 대대적인 개정을 미 행정부에 촉구했다.

공은 미 의회로 넘어갔다. 특히 미 대선에서 바이든이 당선됨에 따라 GAFA의 독과점에 강력히 제동을 거는 법안이 추진될 공산이 크다. 특히 바이든은 빅테크에 대한 경제력 집중이 민주주의 자체를 훼손하고 있다는 입장을 견지해왔다. 바이든은 테크 대기업을 분할해야 한다는 강경파의 주장과는 거리를 둬왔지만, 연방정부 기관들이 이들 기업을 강하게 감독해야 한다고 주장해왔다. 따라서 바이든 행정부는 GAFA에 대해 강공을 할 것으로 예상된다. 이에 앞서 미 법무부는 독과점법 위반 혐의로 구글을 기소했다. 법무부는 기소장에서 구글이 모기업인 알파벳의 안드로이드 운영체계를 사용하는 스마트폰 제작사들과 구글을 기본 검색 엔진으로 하는 계약을 맺어 경쟁과 혁신을 어렵게 했다고 지적했다. 법무부의 기소에 이어 공정거래위원회FTC의 조사도 더욱 강도 높게 이뤄질 것으로 보인다. 미국 내 여론이 이를 지지하고 있다는 점에 주목해야 한다. 2019년 하반기 이뤄진 여론조사 결과를 보면 응답자 3명 중 2명이 이들 기업의 분할을 지지할 정도로 '반 빅테크' 정서가 만만치 않은 수준이다.

거대 테크 기업의 과도한 힘을 제어하려는 움직임은 유럽연합EU에서도 발 빠르게 진행되고 있다. 최근 EU가 마련한 보고서가 외부에 유출됐는데 여기에는 이들 플랫폼 기업이 경쟁사와 데이터를 공유하도록 강제하고 신규 진입자에 대한 진입장벽을 제거하는 방안 등이 포함돼 있다. EU는 또 일반개인정보보호법GDPR을 제정해 테크 기업들이 개인정보 보호 규제를 위반할 경우 막대한 규모의 과징금을 물릴 수 있는 장치를 마련해놓기도 했다.

세계 곳곳에서 역풍을 불러오고 있는 빅테크 기업의 불공정거래 행위는 구체적으로 어떻게 이뤄져 왔을까. 먼저 미 하원 소위원회의 4개 기업에 대한 개별적 조사 내용을 살펴보자. 구글의 경우 자사 제품이 경쟁사 제품보다 경쟁력이 없을 때조차도 검색의 상위 순위에 올려놓는 등의 반칙을 했다. 페이스북은 사진 공유 앱인 인스타그램과 메시지 서비스인 왓츠앱 인수가 문제가 됐다. 페이스북은 스타트업인 이들 앱을 글로벌 서비스로 성장시키기 위해 인수했다고 공표해왔다. 4만 1,000쪽에 이르는 이메일과 메모, 그리고 비밀 기록 등에서 드러난 사실은 딴판이다. 페이스북은 이들 두 개 앱이 자사에 위협적인 존재가 되기 전에 선수를 쳐서 사들인 것으로 드러났다. 전자상거래 기업인 아마존은 자사 플랫폼에서 상품을 파는 판매자들을 파트너라고 불러왔지만 실제로는 이들이 가진 데이터와 정보를 활용했다고 의회 보고서는 밝히고 있다. 또 애플은 혁신적인 경쟁 서비스의 특징을 베끼는 행위를 한 것으로 나타났다. 보고서는 전 애플 앱스토어 디렉터였던 필립 슈메이커의 진술을 공개했다. 슈메이커는 애플이 무선 충전 앱의 앱 스토어 입점을 거절한 이후에 해당 앱의 특징을 베껴 활용했다고 증언했다.

이 같은 내용의 미 의회 보고서에 빅테크 기업들은 크게 반발하고 있다. 아마존은 덩치가 크다는 것이 시장지배의 정의는 아니라며 성공이 반경쟁적 행위의 결과라는 추정이 잘못됐다고 반박했다. 구글은 미국인들은 의회가 구글의 제품과 그들이 매일 이용하는 서비스를 해치는 것을 원하지 않을 것이라고 불편한 속내를 드러냈다. 또 애플은 자사는 어떤 시장에서든 지배적 위치에 있지 않다고 주장했다.

어쨌든 미 하원의 이번 보고서는 그동안 빅테크 기업에 대해 다양하게 제기돼온 비판을 주로 법 위반이라는 측면에서 집대성한 것이라고 할 수 있다. GAFA는 정보 고속도로와 온라인 쇼핑망 구축 등을 통해 디지털 경제의 발전과 생활 편익 제고에 크게 기여해왔다. 하지만 경쟁과 혁신을 질식시키고 일자리를 파괴하며 세금을 제내로 내지 않는 등 심각한 일탈 행위를 해왔다는 지적도 받아왔다. 스타트업으로 출발해 세계 경제에 혁신의 선물을 안겼던 기업들이 이제는 '괴물'이 되었다는 눈총을 받고 있다.

대표적인 사례가 경쟁 억제. 반독점 소위 보고서에서도 언급된 페이스북의 인스타그램 인수와 같은 경우다. 케네스 로고프 하버드대 교수는 '빅테크가 큰 문제'라는 제목의 글에서 테크 대기업들이 막대한 자금력을 동원해 자사를 위협할 수 있는 창업 기업들을 사들여 싹을 자르고 있다고 주장했다. 이들 거대 기업이 시장을 지배하고 있어 스타트업이 도전장을 내기가 어렵고, 이로 인해 혁신이 고사돼 IT 발달에 따른 생산성 향상 효과가 나타나고 있지 않다고 그는 진단했다. 각광을 받던 신생 디지털 미디어가 빅테크 탓에 고전하는 폐해도 나타나고 있다. 지난 2019년 버즈피드와 허프포스트 등이 경영난으로 대규모 감원에 나섰다. 아이러니한 점은 디지털 광고 시장이 침체여서 이들 디지털 미디어가 경영난을 겪은 게 아니라는 사실이다. 오히려 미디어의 주 수입원인 광고 시장이 괜찮은 상태인데도 그 혜택이 이들 미디어로 가지 않았다는 것. 구글과 페이스북, 아마존 3개 사가 광고 물량의 62%를 과점한 탓에 전통 매체는 물론 디지털 미디어도 몸살을 앓고 있다.

고용 창출이 최대의 경제 현안인 현 상황에서 빅테크 기업들은 얼마나 일자리에 기여를 하고 있을까? 좋은 점수를 주기가 어렵다. 일자리를 파괴하고 있거나 그다지 많이 만들어 내지 못하고 있다. 아마존이 2018년 1월에 문을 연 무인 매장 아마존 고Amazon Go가 이를 상징적으로 보여주고 있다. 이곳에서는 곳곳에 설치된 카메라가 고객이 가지고 나가는 상품의 QR 코드를 읽어 구매 내역을 실시간으로 파악한다. 결제는 아마존 앱에서 자동으로 이뤄진다. 사람의 손길이 끼어들 틈이 없다. 뉴욕 대학교 스턴경영대학원의 스콧 갤러웨이 교수는 저서 '플랫폼 제국의 미래'에서 아마존이 로봇 활용 등으로 2017년 한 해에만 소매유통업 일자리 7만 6,000개를 없앴다고 분석했다. 다른 기업들은 어떨까. 구글은 직원이 11만 9천 명, 페이스북은 5만 2천 명에 불과하다. 전통 유통기업인 월마트가 2백 20만 명, 홈디포가 40만 명의 일자리를 만들어 내고 있는 것과 비교하면 빅테크는 일자리에서 명함을 내밀기 어려운 수준이다.

더구나 테크 기업들은 비정규직을 양산해 고용 불안을 부추기고 있다. '구글의 그림자 노동력'이란 제목의 뉴욕 타임스 심층 보도가 그 실상을 잘 보여주고 있다. 2019년 3월 현재 구글이 전 세계적으로 채용한 임시직과 계약직 근로자는 모두 12만 1,000명으로 정규직 10만 2,000명을 상회하고 있다. 이 신문은 대부분

테크 기업 근로자의 절반가량이 비정규직이라고 전하고 있다. 앞에서 언급한 스콧 갤러웨이 교수는 일자리 문제에 관한 한 빅테크 기업에 상당히 비판적이다.

어제의 영웅과 혁신자는 수십만 명에게 제공할 일자리를 창출했고 지금도 여전히 창출하고 있다. 시가총액 1,560억 달러의 유니레버는 중산층 17만 1,000만 가구를 떠받치고 시가총액 1,650억 달러의 인텔은 중산층 10만 7,000명을 떠받친다. 반면 시가총액이 무려 4,480억 달러인 페이스북의 직원은 겨우 1만 7,000명에 불과하다.(2018년 기준)

규모가 큰 기업은 그만큼 많은 일자리를 창출할 것이라고 생각하지만 실제로는 그렇지 않다. 그런 기업은 높은 보상이 주어지는 소수의 일자리만 창출하고 그 밖의 나머지 사람들은 부스러기 같은 일자리를 놓고 쟁탈전을 벌인다. 현재의 추세대로라면 미국은 300만 명의 영주와 3억 5,000만 명의 농노가 사는 나라가 될 것이다.

현재 테크 대기업들이 새롭게 눈독을 들이고 있는 분야는 금융이다. 국내에서도 네이버와 카카오가 금융업에 발을 들여놓았다. GAFA의 움직임도 공격적이다. 애플은 골드만삭스와 함께 신용카드를 런칭했다. 구글은 은행들과 협조 체제를 구축해 요구불과 저축예금을 판매하고 있다. 아마존은 미국보다는 규제가 느슨한 일본에서 은행업에 진출하겠다는 의지를 표명하기도 했다. 페이스북은 한발 더 나아가 국제적으로 통용되는 가상화폐인 리브라를 만들겠다는 당찬 계획을 내놓았지만, 화폐 주권 훼손 등을 우려하는 미 정부의 제동에 발목이 묶여 있다. 테크 대기업의 금융업 진출은 금융시장이라는 방죽에서 이들 기업이 '메기' 역할을 함으로써 경쟁을 촉진해 소비자들의 상품 선택폭을 다양화하고 금융서비스를 효율화할 수 있는 이점이 있다.

우려되는 점은 본업에서 드러난 독과점의 폐해가 금융업으로 전이될 수 있다는 데 있다. 국제결제은행BIS는 이 점을 경고하고 있다. BIS는 테크 대기업의 금융업 진출이 시장지배력으로 새로운 리스크와 비용을 가져올 수 있다고 지적하고 있다. 테크 대기업들이 시장재배력과 이용자들의 전환 비용 등으로 진입장벽을 만들어 잠재적 경쟁자의 시장 진입을 만들 수 있다는 것이다. 또 방대한 규모의 이용자 데이터를 축적해 '데이터 독점'을 하게 되면, 경쟁을 제한하고 고객에게 비싼 상품을 팔 수도 있다. 데이터로 무장한 테크 대기업들의 사업 확장은 이 같은 부작용에 대한 우려를 키우고 있는 만큼 대응 방안 논의도 앞으로 본격화할 것으로 보인다.

오래전 한 CEO의 강연을 들을 기회가 있었다. 한 청중이 질문했다. "상당히 많은 회사를 인수한다. 그런데 두고 보면 그중에는 적극적으로 키우지 않는 기업도 있는 것 같다. 왜 그런가?" 이 CEO는 "기업 인수에는 두 기준을 적용한다. 하나는 우리 회사가 키울 기업, 다른 하나는 경쟁사가 가져가면 안 될 기업"이라고 내심을 얘기했다. 바로 이 두 번째 동기에 따른 기업 인수가 경쟁의 싹을 미리 잘라버리는 행위이다. 페이스북의 인스타그램 인수 같은 경쟁 훼손 사례가 국내에서도 얼마든지 있을 수 있음을 말해주고 있다. 또 플랫폼이라는 '장마당'을 열어 많은 기업을 모아 놓고도 자사 상품을 더 돋보이게 표출하는 반칙을 하거나 참여 기업의 데이터를 몰래 이용하는 등의 불공정 거래 행위가 앞으로 더 많이 발생할 가능성이 있다. 거대 테크 기업이 산업 생태계의 건강성을 깨트리지 않게 하기 위해서는 규제 당국의 촘촘한 감독과 위법 행위에 대한 엄격한 제재가 긴요하다. 기업 스스로 시장지배력을 절제하고 소비자, 스타트업 등 이해관계자와 공생해나가는 '기업시민 의식'을 가져야 함은 물론이다. 앞으로 이해관계자 논의가 본격화되면 고객이나 거래기업 등 이해관계자에게 해를 끼치는 불공정 거래 및 독과점 행위 자체가 기업에 큰 리스크가 되는 부메랑이 될 것이기 때문이다.

무엇보다 독과점을 억제하고 경쟁을 촉진하는 게 산업의 경쟁력을 강화하는 핵심임을 잊지 말아야 한다. 1980년대 전자산업을 놓고 미국과 일본 사이에 벌어졌던 주도권 경쟁의 결과가 소중한 교훈을 던져주고 있다. 당시 일본은 국가 챔피언 기업을 키운다는 전제 아래 NEC와 파나소닉, 그리고 도시바 같은 대기업에 직접적인 정부 지원을 제공함으로써 정부 주도로 큰 기업을 더욱 키우는 선택을 했다. 미국은 정반대의 입장에 섰다. 최대의 전자기업인 IBM에 대해 반독점 조사를 실시해 IBM이 해당법에 어긋나는 행위를 하지 못하도록 규제했다. 그 결과 다양한 하드웨어와 소프트웨어 기업들이 싹을 틔울 수 있는 토양이 마련됐다. 애플, 로터스, 마이크로소프트 등이 대표적 기업이다. 결국 미국은 국가 챔피언 기업을 육성하기보다는 경쟁 여건을 조성해 혁신을 촉진함으로써 선견지명이 있는 기업들이 성장할 수 있는 발판을 마련했다. 경쟁 촉진이 가져온 선순환이다.

팬데믹과 자본주의 개혁

　팬데믹은 경제 전반과 기업은 물론 이해관계자들에게도 큰 시련을 가져다주었다. 근로자들은 근로 시간 감소와 무급 휴직 등으로 소득이 크게 줄어들거나 안타깝게도 아예 일자리를 잃고 있다. 대기업과 거래하는 중소기업들은 수주 물량이 크게 줄어들어 가동률을 크게 낮추거나 아예 공장문을 닫아야 했다. 대기업들도 상황이 어렵기는 마찬가지이다. 수요 급감으로 매출과 이익이 크게 줄어드는 기업이 속출했다. 종전처럼 모든 직원이 같은 공간에서 일하는 게 위험해져 많은 직원을 집에서 근무하도록 해야 했다. 하지만 비대면 소비와 활동의 증가로 매출과 이익이 늘어난 기업도 상당수에 달했다. 이런 상황에서 기업이 거래 기업과 근로자 등 이해관계자에게 어떻게 대응하는지가 기업이 이해관계자 자본주의를 잘 실행에 옮기는지를 판단할 수 있는 '리트머스 시험지'가 되고 있다. 항공이나 여행 등 상황이 심각한 기업을 제외하고는 그동안의 누적 수익을 기반으로 이번 위기를 견딜 수 있는 현금을 쌓아놓고 있는 기업이 적지 않기 때문이다.

이에 따라 위기 국면에서 이해관계자의 어려움을 완화해주는 기업의 역할에 대한 기대가 높은 상태이다. 이해관계자와 관련된 기업의 성과를 측정하는 기업인 저스트 캐피탈JUST Capital이 더 해리스 폴The Harris Poll과 함께 미국인 성인 1,000명을 대상으로 실시한 설문조사 결과를 보면, 10명 중 9명은 팬데믹이 대기업들이 '리셋 버튼'을 눌러 이해관계자를 존중하는 올바른 경영을 하는 좋은 기회라고 응답했다. 기업이 향후 최소한 1년 이상 근로자를 계속 지원해야 할 사항으로는 건강 및 안전 대책(응답 비율 75%), 유급 휴가(70%), 재택근무가 어려운 필수 근로자에 대한 임금 인상 (67%) 등이 지적됐다. 특히 응답자 5명 중 4명은 근로자에게 건강 및 안전을 보장하거나 해고를 회피하기 위해 최선을 다한 기업을 기억하게 될 것 같다고 응답해 이해관계자를 중시하는 기업 경영에 대한 큰 기대를 드러냈다. 저스트 캐피탈은 "미국인들은 이번 위기를 고장 난 부분을 고치고 더 나은 삶을 보장하는 기회로

삼아야 한다는 데 압도적으로 동의하고 있다"고 해석했다.[33]

기업들은 팬데믹 국면에서 이해관계자들에게 어떻게 대응하고 있을까? 팬데믹이 발생하기 전에 이해관계자 자본주의를 지지하는 다보스 선언을 발표한 세계경제포럼의 클라우스 슈밥 회장은 뱅크 오브 아메리카, 머스크, 지멘스 등 글로벌 기업과 함께 '코비드(코로나) 시대에서의 이해관계자 원칙'을 발표해 이해관계자에 대한 기업의 다짐을 밝혔다.[34] 이들은 이를 통해 이해관계자 자본주의를 계속 구체화해나가겠다고 강조하면서 이해관계자에 대한 팬데믹의 영향이 장기화하지 않도록 최선을 다하겠다고 말했다. 특히 근로자, 거래기업, 고객, 정부와 사회, 주주 등 이해관계자에게 근로자의 안전과 소비자 가격 유지 등 아래와 같은 약속을 했다. 경제 위기 상황에서 세계경제포럼이 앞장서서 기업이 준수해야 할 이해관계자 대응 원칙을 제시했다는 점에서 의미가 있다.

- 근로자의 안전을 지키겠다: 근로 현장을 보호하고, 근로자들이 새로운 환경에 적응할 수 있도록 계속해서 할 수 있는 모든 일을

---

33 JUST Capital(2020), 'SURVEY: What Americans Want From Corporate America During the Response, Reopening, and Reset Phase of the Coronavirus Crisis'

34 World Economic Forum(2020.4.), 'Stakeholder Principles in the COVID Era'

하겠다.

- 거래기업 및 고객과 공유하는 비즈니스의 지속성을 보장한다: 공급 체인을 계속 가동하고, 비즈니스 대응 과정에 거래기업과 고객을 참여시키겠다.
- 최종 소비자에게 공정 가격을 유지하고, 필수 물품에 대한 공급 조건도 그대로 두겠다.
- 정부와 사회를 최대한 지원하겠다: 자원과 역량, 그리고 노하우로 공공부문의 조치를 돕겠다.
- 주주를 위해 기업의 장기적 활력과 지속 가능 가치의 창출 잠재력을 유지하는 원칙에는 변함이 없다

이와 함께 시선을 끈 또 다른 움직임이 있었다. 모두 9조 2,000억 달러의 자산을 운용하고 있는 322개의 기관투자자가 '코로나 바이러스 대응에 대한 성명INVESTOR STATEMENT ON CORONA-VIRUS RESPONSE'을 내놓았다. 이들은 자신들이 투자하는 기업의 장기적 활력이 근로자 등 이해관계자의 복지와 불가분의 관계에 있다며 복지와 관련된 다양한 사항을 시행할 것을 투자 기업에 촉구했다. 또 모든 근로자에게 유급 휴가를 제공하고, 교대 및 원격근무 등을 통해 근로자의 건강과 안전을 최우선시할 것을 권고했다. 이들 기관투자자는 고용을 유지하고, 재무적 어려움에 직면해있는 거래기업과 고객에게 정상적으로 자금 결제

를 하는 등 거래관계를 유지할 것도 요구했다. 특히 위기 국면에서는 윤리적 재무 관리가 중요하다면서 자사주 매입을 중단하고 위기 기간중 경영진의 급여를 억제할 것을 제안했다. 자본시장에 투자하는 기관투자자들이 근로자 등 이해관계자가 겪고 있는 어려움에 공감하고 이들을 지원하도록 투자기업에 촉구한 것은 상당히 이례적이고 이해관계자 자본주의를 실천하기 위한 의지를 보인 것으로 해석된다.

그러면 이해관계자 자본주의의 깃발을 올린 미 재계BRT의 성명에 서명한 기업들은 팬데믹 기간 중 이를 얼마나 실천하는 모습을 보였을까? 저스트 캐피탈의 조사 결과를 보면 이해관계자를 지원하는 데 있어 비非서명 기업보다 더 나은 모습을 보인 것으로 나타났다.

〈그림 7〉을 보면 BRT 성명에 서명한 기업들은 다른 기업들에 비해 팬데믹 기간 중 이해관계자를 지원하는 데 상대적으로 더 적극적인 모습을 보였다. 이해관계자 자본주의에 공감하는 이들 기업이 그 가치를 실천하는 데 앞장선 것이다. 하지만 항목별로 보면 지원 의지에 있어서 상당한 차이가 드러나고 있다. BRT 성명 서명 기업 중 71%가 지역사회 구제자금을 지원하고 절반 가까이가 가격 인하 등을 통해 고객들에게도 도움을 줬다. 하지만

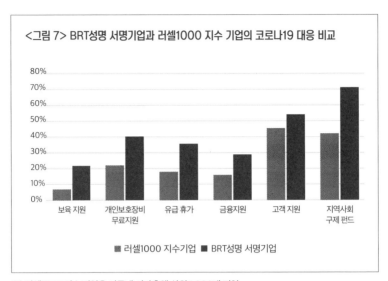

<그림 7> BRT성명 서명기업과 러셀1000 지수 기업의 코로나19 대응 비교

범례: ■ 러셀1000 지수기업 ■ BRT성명 서명기업

가로축: 보육 지원 / 개인보호장비 무료지원 / 유급 휴가 / 금융지원 / 고객 지원 / 지역사회 구제 펀드

주) 러셀1000 지수 기업은 미국내 시가총액 상위 1,000개 기업
자료: JUST Capital(2020), 'Forthcoming data from America's Most JUST Companies'

나머지 항목은 러셀1000 지수 기업보다는 상대적으로 나은 모습을 보였지만 절대적 참여 비율은 40% 이하의 낮은 수준에 머물고 있다. 이를 놓고 말이 앞선 채 실천이 뒤따르지 않는다는 비판이 제기되고 있다. 이런 비판은 두 가지 측면에서 해석해볼 수 있을 듯하다. 먼저 현시점에서 봤을 때는 타당한 비판이라는 점이다. 하지만 BRT 성명이 나온 지 아직 1년여밖에 지나지 않은 시점이어서 평가를 하기는 이른 점도 있다. 이제 시작이라는 얘기다. 이해관계자 자본주의 성명에 서명한 기업들이 다른 기업보다 이를 실천하는데 전향적 모습을 보이기 시작한 만큼 시간이 흐

를수록 이해관계자를 지원하는 기업이 늘어날 것이라는 기대를
해볼 수 있을 듯하다.

여기에서 중요한 점은 팬데믹 상황 속에서 자본시장의 이해
관계자 자본주의에 대한 반응이 긍정적으로 바뀌고 있다는 점
이다. 이해관계자 자본주의의 가치가 반영된 지속가능 주식펀드
와 ESG 주식 펀드의 경우 팬데믹으로 인한 약세 증시 장세 속에
서도 지역이나 시가총액 등 전통적 기준으로 편성된 다른 펀드
보다 높은 수익률을 기록하고 있다. 예컨대 2020년 1월 1일부터
3월 12일까지 지속가능 주식펀드 중 69%가 올린 수익률이 비교
대상 펀드 수익률의 상위 50%를 차지한 것으로 나타났다.[35] 지속
가능 또는 ESG 기업이 상대적으로 더 좋은 실적을 올리고 있음
을 보여주고 있다. 이런 분위기를 반영해 ESG에 대한 선호도도
더 올라가는 추세를 보이고 있다. 모닝스타가 54명의 자산운용
매니저를 대상으로 의결권 대리행사 실태를 조사한 결과, 주주총
회에 올라온 ESG 안건에 대한 찬성 비율이 지난 2015년에 26%,
2017년 31%, 2018년 38%, 2019년 44%로 상승 추세를 지속하고
있다. 그만큼 ESG에 전향적인 기업을 더 긍정적으로 평가하는
추세가 확산되고 있는 것이다.

---

35 Jon Hale(2020.3.16.), 'Sustainable Equity Funds Are Outperforming in Bear Market',
MORNINGSTAR

팬데믹은 이해관계자 자본주의의 가치를 잘 보여주는 기회가 되고 있다. 이해관계자의 어려움에 공감하고 돕는 기업들이 늘어나고 있고, ESG 등 그 가치를 실천하는 기업들이 더 좋은 실적을 내고 자본시장에서도 더 긍정적인 평가를 받고 있다. 사회와 같이 호흡하는 기업 경영이라는 '명분'과 더 좋은 실적을 올린다는 '실리'가 잘 맞물려 가는 모습을 보이고 있는 점은 앞으로 이해관계자 자본주의의 개막을 앞당기는 촉매제가 될 것으로 보인다.

재택근무의 양극화

기업이 중시해야 할 이해관계자 중 가장 중요한 내상에 들어가는 근로자는 팬데믹으로 심각한 타격을 받고 있다. 소득이 줄어들기도 하고 장기간 무급 휴직에 들어가기도 한다. 실직 대열에 서야하는 아픔을 겪고 있기도 하다. 가장 많이 변한 근로자의 일상 중 하나는 근로방식의 커다란 변화이다.

출퇴근 시간에는 직장이나 집으로 향하는 차량이 도로에 길게 줄을 서고 발 디딜 틈 없이 가득 찬 지하철과 버스는 흔히 볼 수 있는 평일 아침과 저녁의 모습이었다. 월요일에서 금요일까지 직장인들은 '9 to 5(오전 9시부터 오후 5시까지 근무)'의 규칙에 따라 움직였다. 팬데믹은 이 일상을 크게 바꿔놓았다. 코로나19 확산으로 사회적 거리두기가 중요해지면서 직장에 한데 모이는 것 자체가 위험해졌다. 직장에 나가는 게 어려워지니 재택근무가 불가피한 선택지가 됐다. 직장 동료들이 각자 집에서 전화, 이메일, 온라인 채팅, 화상 회의 등의 방식을 써서 회사 일을 보게 되는 경우가 많이 늘어났다. 학교에 가지 못하는 아이들을 돌봐야 하는 등 가사와 회사 일이 충돌하기도 하지만 이 방식으로 일을 계속하는 것은 어쩔 수 없는 현실이 됐다.

기업 중에서 이같이 일하는 방식의 변화를 적극적으로 선도하는 기업이 나타나고 있다. 주로 IT 기업들이다. 구글은 주요 미국 기업 중 처음으로 20만 명에 이르는 직원들이 최소한 2021년 7월까지 집에 머물며 일을 할 수 있도록 허용했다. 구글의 모기업인 알파벳의 CEO인 선다 피차이는 개학 일정이 불투명해 직원들이 집에서 아이들을 돌봐야 하는 현실 등을 고려해 이런 결정을 내린 것으로 보도되고 있다. 다른 IT 기업들도 비슷한 움직임을 보이고 있다. 페이스북 CEO 마크 저커버그는 향후 10년 동안 직원 절반 정도가 재택근무를 하게 될 것이라고 말했으며 트위터도 직원들이 원하면 무기한 재택근무를 할 수 있다고 밝힌 바 있다. 우리나라에서도 SKT, 네이버, 카카오 등 기업이 재택근무에 전향적 모습을 보이고 있다. 이에 비해 정교한 IT 시스템을 집에서 쓸 수 없어 사무실 업무가 필요한 금융서비스 기업들은 아무

래도 재택근무에 소극적인 입장이다.

이 시점에서 우리는 중요한 질문을 던져보게 된다. 재택근무는 모든 기업에 적용되는 일반적 현상인가? 재택근무는 어떤 효과를 가져왔고 어떤 문제를 남겼는가? 재택근무는 이번 기회에 일반적인 흐름이 될 것인가 아니면 상황이 정상화되면 사그라들 일시적 현상인가? 한국과 미국에서 실시된 설문조사 결과를 보면서 이 질문들에 대한 답을 찾아보자.

먼저 우리나라. 대한상공회의소가 2020년 6월에 국내 기업 300여 개의 인사담당자를 대상으로 실시한 '코로나19 이후 업무 방식 변화 실태' 조사 결과는 흥미로운 내용을 보여주고 있다. 코로나19 이후 원격근무를 시행한 기업은 34.3%로 코로나19 이전(8%)보다 4배 이상 증가했다. 이 조사 결과는 원격근무가 크게 늘어난 것은 사실이지만 여전히 65%의 기업이 사무실 근무를 선호하고 있음도 드러냈다. 기업 규모별로 보면 대기업 45.8%, 중견기업 30.6%, 중소기업 21.8%가 원격근무를 실시했다. 대기업일수록 적극적으로 일하는 방식을 바꾼 데 비해 IT 시스템 등 여건이 상대적으로 부족한 중견·중소기업은 소극적인 모습을 보였다. 비대면 업무의 효과도 좋았다. 인사담당자의 27.5%는 업무 효율성이 높아졌다고 응답했으며 56.1%는 이전과 비슷했다고 답했다. 84%에 가까운 기업이 직원들이 회사에 나오지 않고 일을 해도 업무 효율성에 문제가 없었다고 응답한 것이다. 직원들의 만족도도 높았다. '만족도가 높았다'는 응답이 82.9%로 '불만족했다'(17.1%)를 크게 상회했다. 하지만 이 같은 평가에도 불구하고 대다수 기업들은 원격근무를 지속하거나 도입하는 데 부정적인 반응(70.8%)을 보였다. 향후에도 지속하겠다는 기업은 7.7%, 도입을 검토하고 있다는 기업은 21.5%에 그쳤다. 일시적으로는 비대면 업무를 불가피하게 할 수 있지만 이를 장기적으로 계속 하는 데는 기업들이 부담을 느끼고 있는 것이다. 그 이유로는 '기존 업무 방식과 충돌'을 드는 응답(62.9%)로 제일 많았고, 다음으로 업무진행 속도 저하, 정보보안 우려, 인프라 구축비용 부담 등의 순이었다. 코로나19 확산으로 어쩔 수 없이 비대면 업무를 했고 성과는 나쁘지 않았지만, 이를 오랜 기간 지속하는 것은 어렵다는 게 한국 기업들의 입장이다.

해외에서는 원격근무에 대해 어떤 반응이 나타났을까? 영국의 스타트업 네트워크인 파운더스 포럼Fouders Forum은 수백 명의 창업자와 직원들을 상대로 원격근무에 대해 설문조사를 실시했다. 의미 있는 결과가 나왔다. '일주일 중 며칠 동안 원격근무를 하기를 선택할 것인가'를 묻는 질문에 응답자의 절반 이상(50.3%)이 '3일 이상'을 희망했다. 특히 응답자의 92%가 어떤 형태로든 원격근무를 선호하는 것으로 나타났다. 흥미로운 점은 모든 업무를 원격으로 보길 원하는 응답자가 10.6%에 그친 반면 10명 중 8명(81.4%)는 원격근무와 사무실 근무를 섞어서 하는 '혼합 근무'를 선호했다. 스타트업의 성향때문이겠지만 원격근무에 대해 적극적인 태도를 보이고 있다. 집 등 사무실이 아닌 곳에서 일할 때 생산성과 근로 시간은 어떻게 나타나고 있을까? 먼저 생산성. 원격근무를 해서 생산성이 줄어들었다는 응답 비율은 27.1%에 그친 반면 생산성이 증가했다고 말한 비율은 55.3%에 달했다. 특히 23.5%의 응답자는 생산성이 크게 늘어났다고 밝혔다. 생산성이 사무실에서 일할 때와 변화가 없었다고 답한 비율도 17.6%나 됐다. 이렇게 보면 원격근무는 생산성에 긍정적인 영향을 미치고 있는 셈이다. 문제는 근로 시간에 있는 것으로 나타났다. 절반 이상(55.2%)이 근로 시간이 종전보다 더 길어졌다고 밝혔다. 출근과 퇴근 시간의 구분이 없다보니 일을 더 하는 문제가 파생된 것이다. 응답자 중 창업자들은 원격근무에 대해 어떤 의견일까? 창업자 대다수(86.4%)가 전면적이든 부분적이든 원격근무를 하겠다는 의사를 표명했다. 종전대로 사무실 근무로 복귀하겠다는 창업자는 13.6%에 불과했다. 하지만 원격근무는 효과와 동시에 부작용도 드러냈다. 조사 대상자들은 장점으로 '유연한 근무 및 워라밸(일과 삶의 균형)'(44.8%), '출근 불필요'(24.3%), '집중력 및 생산성 향상'(21.3%)을 들었다. 반면, 동료들과의 자연적인 접촉 감소, 일과 삶의 경계 결여, 일의 질 저하를 문제로 지적했다. 그 결과 응답자들은 동료들과의 접촉, 대면 협업 등 종전에 사무실에서 할 수 있었던 관행을 그리워하기도 했다. 파운더스 포럼의 조사를 한국의 조사 결과와 비교하면 유사점과 차이점이 보인다. 다른 점은 영국의 스타트업들이 원격근무에 더 적극적이라는 점이다. 비슷한 점은 사무실에서 일하지 않고 원격 근무를 해도 일반적인 우려처럼 생산성에는 문제가 생기지 않고 오히려 더 긍정적인 영향이 나타났다는 점이다.

다른 조사 결과를 더 살펴보자. 세계적으로 원격근무를 경험한 3,500여 명의 근로자를 상대로 한 조사 결과인 '2020 원격근무 상태The 2020 State of Remote Work'이다. 이 조사는 팬데믹 이전에 실시되긴 했지만, 근로자들의 원격근무에 대한 반응을 의미있게 살펴볼 수 있는 결과를 제공하고 있다. 먼저 조사 참여 근로자들의 98%는 앞으로도 계속 원격근무를 계속하고 싶어했고 다른 사람에게 추천하고 싶다는 응답 비율도 97%에 달했다. 그만큼 만족도가 높다는 것이다. 실제로 89%의 근로자가 원격근무에 대해 만족감을 보였다. 이들은 원격근무의 큰 장점으로 유연한 근무, 통근 불필요, 가족과 같이 보내는 시간 등을 든 반면에 협업과 소통의 부족, 외로움, 집중하기 어려운 재택근무 여건, 동기부여 부족 등을 단점으로 지적했다. 주로 일하는 장소로는 역시 집이

80%로 압도적으로 높았으며, 커피숍과 도서관 등도 언급됐다. 문제는 원격근무에는 인터넷과 스마트폰 비용, 커피숍 이용 시 음료 비용 등 별도의 돈이 들어가는 데 대다수 회사가 이를 지급하지 않고 있다는 데 있다. 이 비용을 부분적으로라도 지불하고 있는 기업은 10~20%에 불과했다. 원격근무가 지속된다면 해결이 필요한 이슈이다.

원격근무는 지금까지 설문조사 결과를 토대로 살펴본 것처럼 우려했던 것보다는 별다른 문제가 없이 진행돼왔고 오히려 긍정적 효과도 적지 않은 것으로 나타났다. 앞에서 설문조사 결과 등을 통해 원격근부를 경험한 근로자들의 만족도가 비교적 높다는 것을 알 수 있었다. 기업들은 어떨까? 원격근무에 적극적인 기업도 있지만 이를 지속하는 데 부담을 느끼는 기업도 적지 않은 게 현실이다. 하지만 원격근무는 기업들에 유리하게 작용하는 측면도 있다. 무엇보다 기업들은 그동안 대도시 중심부에 사무실을 둬야 해 상당한 비용을 부담해왔다. 그러나 코로나19 팬데믹 이후 원격근무가 장기화될 것으로 보는 기업일수록 사무실을 교외로 옮기거나 권역별로 공유 사무실을 두려는 생각을 하고 있다. 또 재택근무를 확대하면서 본사 규모를 줄이는 기업들이 해외에서는 속속 나타나고 있다. 이에 따라 임대, 관리 등 비용이 크게 줄어들고 있다. 인력 채용 면에서도 유연성이 높아진 것으로 지

이해관계자 자본주의

적되고 있다. 회사에 나오지 않고 근무하는 것이 가능해짐에 따라 거주 지역에 구애받지 않고 유능한 인재를 뽑을 수 있는 장점이 생겼다는 것이다.

특히 이번 재택근무 경험을 통해 기업들은 코로나 위기가 끝나더라도 회사에 나오지 않고 원격 근무를 할 수 있는 업무를 파악하게 됐다. 미국 일리노이 대학University of Illinois의 알렉산더 W. 바틱 등 5명이 공동연구한 '코로나19 위기 중 재택근무가 이뤄진 업무'에 대한 분석 결과를 보면 대기업과 중소기업의 약 40% 정도가 재택근무를 했던 근로자 중 40% 이상이 위기가 끝나더라도 여전히 집에서 일할 것으로 전망했다. 위기 이후에 10명 중 4명 이상은 팬데믹 위기 기간처럼 집에서 회사 일을 처리할 것으로 예상된다. 이 같은 변화는 기업의 상업용 부동산에 대한 수요를 줄이는 것은 물론 기업이 사무실 위치를 정하고 근로자가 거주지를 결정하는 데도 적지 않은 변화를 가져올 것으로 보인다.

그러면 여기에서 원격근무에서 야기된 중요한 현상 한 가지를 짚어보자. 재택근무를 통해 드러난 노동시장의 양극화 문제가 바로 그것이다. 이와 관련해 중요한 질문을 던져본다. 원격근무는 모든 산업과 모든 근로자에게 적용 가능한 것인가? 답은 부정적이다. 현실은 재택근무가 가능한 일과 그렇지 않은 일로 이분

화돼있다. 앞에서 소개한 알렉산더 바틱 등의 연구 결과를 보면 미국 근로자 중 재택근무를 할 수 있는 비중은 27~31%에 머물고 있다. 나머지 근로자는 업무 성격 자체가 원격근무가 어려운 일을 하고 있다. 필자가 이 현상을 '노동시장의 양극화'라고 표현한 이유는 학력 간 불평등 이슈가 여기에 내재해 있기 때문이다. 구체적으로 얘기하면, 학력 수준이 높은 순으로 상위 25%에 해당하는 산업에서는 64%의 기업이 재택근무를 시행한 반면에 교육 수준 하위 25% 산업에서는 불과 36%의 기업만이 원격근무를 도입했다. 금융과 IT 같이 전문직 고학력자들이 많이 근무하는 기업은 직원들이 감염 위험을 피할 수 있도록 회사에 나오지 않고 일을 할 수 있도록 허용한 데 비해 저학력자들이 주로 일하는 기업에서는 근로자들이 감염 위험을 무릅쓰고 회사에 나가 일하거나 아니면 아예 일자리를 잃는 어려운 상황에 직면한 것이다. 기업 규모별 상황을 살펴봐도 결과는 비슷하게 나타나고 있다. 재택근무를 도입한 기업 비중이 근로자가 100명 이상인 기업은 79%에 이르는 데 비해 100명 미만 기업은 45%에 그치고 있다. 학력이 낮거나 규모가 작은 기업에서 일하는 근로자들이 팬데믹 위기의 와중에서도 재택근무의 기회를 갖지 못하는 불리한 상황에 놓여 있는 것이다.

이 같은 재택근무의 양극화는 코로나19에 따른 실업 충격의 양극화로 그대로 나타나고 있다. IZA 노동경제연구원이 분석한 '코로나 충격의 영향에 있어서의 불평등' 조사 결과를 보면, 재택근무가 어려운 일일수록 근로 시간 감소, 실질 소득 감소의 가능성이 크고 저학력 근로자와 여성이 코로나 위기의 부정적 영향을 더 받는 것으로 나타났다. 실제로 미국과 영국에서 재택근무가 어려운 식품 서비스와 퍼스널케어 서비스 산업에서 일하는 근로자들은 팬데믹으로 인해 일자리를 잃은 가능성이 큰 반면에 재택근무가 가능한 컴퓨터 또는 설계 부문에 종사하는 전문 근로자들은 일자리를 유지할 가능성이 높은 것으로 나타났다. 어찌 보면 재택근무가 가능한지 여부가 고용의 안정성 여부를 판별하는 현실적 리트머스 시험지로 작용하고 있다.

미국의 노동통계국의 데이터는 이를 극명하게 보여주고 있다. 2020년 4월 말을 기준으로 보면 전체 근로자 중 재택근무 가능한 근로자의 비율이 낮은 산업일수록 고용 감소폭이 큰 것으로 나타났다. 재택근무 근로자 비율이 평균치인 45.8%를 상회한 금융, 전문비즈니스 서비스, 공정행정 부문은 고용 감소폭이 각각 6.1%, 9.6%, 3.8%에 그쳤다. 하지만 재택근무 비율이 낮은 도소매, 건설, 레저업은 고용이 각각 16.4%, 16.6%, 42.0%나 줄어들었다. 재택근무가 일자리를 지키는 일종의 '특권'이 되고 있는 것이다.

재택근무의 명암明暗은 우리나라에서도 똑같이 나타나고 있다. 한국은행의 '코로나 19에 대한 고용 취약성 측정 및 평가' 보고서는 음식서비스, 매장판매, 기계조작 등 비필수적이면서 재택근무가 어려운 저숙련 일자리는 전체 취업자의 35%를 차지하고 있는데 이들은 감염병 확산으로 봉쇄조치나 사회적 거리두기가 엄격하게 시행될 경우 단기적으로 실험 위험에 노출된다고 분석하고 있다. 감염병 위기가 오면 이들 근로자 3명 중 1명은 정상적인 직장 생활이 어려운 것이다. 또 음식 및 미용 서비스같이 대면 접촉이 많이 이루어지는 데다 재택근무가 어려운 일자리는 전체 취업자의 46%에 이르는 데 이들은 실험 위험뿐만 아니라 감염 위험에도 노출된다. 한국은행은 저소득, 저학력, 청년, 여성, 임시·일용직 및 자영업자, 고용보험 미가입자 등이 코로나19로 인한 고용 취약 계층이라고 진단하고 있다.

이처럼 업종별로 명암이 엇갈리는 재택근무는 그게 가능한 업종에서 늘 긍정적인 결과만을 보여주고 있을까? 실패 사례도 적지 않다. 팬데믹 이전이긴 하지만 지난 2013년 재택근무 실험을 했던 야후와 HP는 긍정적 효과보다 부정적 부작용이 더 크게 나타나자 이 실험을 중단했다. 이들 기업이 재택근무를 포기한 가장 큰 이유는 당시 야후 CEO였던 마리사 메이어가 '하나의 야후'를 강조한 데서 잘 나타나고 있다. 야후가 당시 재택근무

이해관계자 자본주의

카드를 접은 것은 직원들이 서로 대면 대화를 나누지 못함에 따라 기업 문화와 신뢰, 그리고 응집력에 빨간불이 켜졌다고 판단한 데 따른 것이다. 당시 야후의 내부 메모가 외부로 유출돼 주목을 받기도 했다. 내용은 이렇다. "일부 훌륭한 의사 결정과 통찰력은 복도와 카페에서 서로 만나고 즉흥적으로 팀 회의를 하는 데서 나온다" 임직원이 한데 모이지 않는 근무방식이 갖는 중대한 결함을 지적하고 있다. 오픈 소스 플랫폼 기업인 스카이기어Skygear도 비슷한 사례이다. 이 기업은 40여 명 정도되는 팀에게 재택근무를 실험했으나 곧 바로 이를 철회했다. 해당 팀원들이 회식과 대면 토론 등을 통해 얻을 수 있는 사회적 유대감을 상실한 게 문제점으로 지적됐기 때문이다.

그러면 재택근무가 효율적으로 진행되게 하려면 무엇을 해야 할까? 컨설팅기업인 매킨지는 '원격근무에 대한 청사진: 중국의 교훈'이라는 보고서에서 의미 있는 제언을 하고 있다. 중국은 첫 코로나 발생지역이었던 만큼 감염 확산이 맨 먼저 일어나 재택근무도 다른 나라에 비해 조기에 확산이 됐다. 매킨지는 중국의 사례를 통해 원격 근무가 잘 되면 생산성을 올릴 수 있지만 잘못되면 비효율이 생기고 직원 간 관계를 악화시킬 수 있다고 경고하고 있다 또 근로자 입장에서도 일상과 일의 구분이 잘되지 않아 이른바 '996' 같은 잘못된 현상이 생겨나기도 하는 문제를 드러냈다. '996'은 오전 9시부터 밤 9시까지 일주일에 6일 동안 내 내 일하는 부담이 생겼다는 것을 의미한다. 또 근로자들은 비디오 컨퍼런스를 동료들과 하면서 아이들의 홈 스쿨링을 관리하는 데 어려움을 겪어 이 문제가 적절히 해결되지 않으면 생산성이 떨어질 것으로 우려됐다. 이 같은 중국의 사례는 중요한 교훈을 던져주고 있다. 먼저 효율적으로 일할 수 있는 구조를 설계하는 게 중요하다. 원격근무를 대규모 조직 단위로 하게 되면 누구랑 상의해야 하는지 등에 대해 여러 가지 혼동이 발생하게 된다. 따라서 효율적 의사 결정과 소통이 이루어질 수 있도록 여러 조직의 직원들로 구성된 소규모 팀을 만드는 게 필요하다. 실제로 중국의 평안보험은 민첩한 경영을 위해 대규모 조직을 소규모 프로젝트 팀으로 나누어 운영했다. 다음으로는 직원 관리 이슈이다. 리더들은 분명한 지침을 주고 소통을 해서 직원들에게 동기부여를 해야 한다. 소통의 수위를 올리는 게 좋은 방법이다. 중국 기업의 한 CIO는 전 직원들에게 문자를 정기적으로 보냈다고 밝혔다. 알리바바의 경우는 한 주 단위로 직원들과 1대 1 소통회수를 늘렸다. 이는 직원들의 고립감과 재택근무에서 오는 스트레스를 덜어주는 방법이기도 하다. 아울러 사이버 보안도 중요한 이슈로 부각되고 있다. 원격근무를 하게 되면 개인 컴퓨터와 일반 인터넷망을 이용하게 되기 때문에 회사 정보가 유출될 수 있는 보안 위험이 높아지게 된다. 이에 따라 보안이 강화된 환경에서 재택근무를 할 수 있도록

이해관계자 자본주의

시스템을 구축하고 직원 교육을 강화하는 등의 대응이 긴요하다.

제도적 측면에서 보면 현행 고용 관련 법규가 일하는 방식의 변화를 수용하는 방향으로 바뀌어야 한다는 주장도 나오고 있다. 현행 법규는 오랜 기간 시행돼온 사무실 출퇴근을 기본 전제로 짜여져 있다. 코로나19 사태가 장기화하면서 재택근무가 늘어날 것으로 보이는 만큼 '새 술을 담는 새 부대'가 필요하게 됐다. 예컨대 '996'으로 표현되듯 오전 9시부터 밤 9시까지 엿새 동안 일해야 하는 과잉 근로, 재택근무의 성과 관리, 인터넷 연결이나 전화 통화, 그리고 냉난방의 비용 처리 등 다양하게 제기되는 이슈들에 대해 새로운 규칙을 만들어야 하는 과제가 우리 앞에 주어져 있다.

코로나19 위기 속에서 불가피하게 선택된 원격근무는 지금까지 살펴본 것처럼 직원 만족도 증가, 생산성 유지 등 밝은 면도 있지만, 재택근무 자체의 양극화, 사이버 보안 이슈 등 문제점도 같이 드러내고 있다. 이 중 특히 재택근무의 불평등 이슈는 이해관계자 자본주의의 관점에서도 새로운 해결책을 요구하는 문제로 떠오를 것으로 보인다. 재택근무의 장점은 극대화하되 그 그늘과 부정적 영향을 최소화하는 치열한 고민이 사회적 공동선을 제고하는 해법을 가져올 것으로 기대해본다.

모두가 아픈 시대,
팬데믹 흉터 효과

코로나19로 빚어진 현재의 상황은 '불확실성의 팬데믹'으로도 불린다. 경제에 만연된 불확실성이 계속되면서 심리적 불안도 지속돼 경제에 부정적 영향이 장기화될 것이라는 말이다. 백신 접종이 시작되더라도 팬데믹을 종료시킬 수 있을 정도의 접종이 이뤄지기까지는 적지 않은 시간이 소요될 전망이다. 이런 사정 탓에 보건 위기나 또 다른 팬데믹의 발생 가능성에 대한 우려가 가셔지지 않아 경제활동이 본격 회복되는 데도 시간이 걸릴 것이다. 기업들이 투자나 신규 채용에 소극적인 모습을 보이고, 가계는 만약의 경우에 대비해 저축을 늘릴 가능성이 크다. 미국 중앙은행인 FRB도 비슷한 시각으로 글로벌 경제를 바라보고 있다. Fed는 미국의 실업률이 오는 2023년까지는 팬데믹 이전의 4%를 회복하지 못할 것이라고 진단하고 있다. 제롬 파월 Fed의장이 제로 수준인 현재의 기준 금리를 동결한 다음 향후 3년간 이 기조를 유지하겠다고 말한 것도 이런 이유에서이다. 그만큼 현재의 경제 위기가 쉬 해소되지 않을 것임을 시사하는 것이다.

경제 위기의 장기화는 경제 전반에 큰 상처를 남긴다. 하지만 그 내면을 더 들여다보면 위기의 파장은 여기에 그치지 않는다. 경제 위기는 근로자와 소비자 등 이해관계자, 즉 경제 주체의 심리, 정신 건강 등에 부정적 영향을 미치고, 이는 다시 생산과 소비 등 경제활동을 위축시키는 부메랑이 된다. 이른바 '팬데믹 블루'의 부정적 영향이 연쇄적으로 이어지는 것이다.

먼저 감염병 확산이나 경제 위기가 개인 심리에 미치는 부정적 영향의 정도를 살펴보자. 감염병 확산의 직접적 피해자는 감염환자이다. 2003년에 30개국에서 대유행했던 사스는 8,000여 명을 감염시켰고 이 중 774명이 사망했다. 당시 사스 감염자는 사회적 낙인을 경험했고 불안증세와 우울증 등 정신 건강 문제를 호소했다. 2005년과 2006년에 홍콩에서 사스 생존자 1,394명을 대상으로 조사한 결과 이 중 사스 이후에 외상 후 스트레스 장애를 경험한 사람은 47.8%에 달했다. 절반에 가까운 비율이다. 특히 스트레스 장애를 겪은 사람 중 4분의 1이 2년 반이 지난 시점에서도 정신 건강에 문제를 호소해 감염으로 인한 정신적 후유증이 장기화하는 것으로 나타났다. 우리나라에서도 비슷한 현상이 나타났다. 지난 2015년에 나온 '메르스 격리자에서의 정신건강' 연구 보고서를 보면, 격리기간 동안 격리자의 7.6%가 불안증세를 보였으며, 16.6%는 분노를 느낀 것으로 나타났다. 이들은 격리해제 후 4~6개월이 지난 시점에서도 3.0%가 불안증세, 6.4%가 분노감을 느꼈다. 팬데믹이 정신건강에 끼치는 부정적 영향은 감염환자에만 그치지 않는다. 강력한 봉쇄조치나 거리두기로 외부 활동이 어려워지고 집에 있는 시간이 늘어남에 따라 '코로나 블루'로 표현되는 우울 증상을 보이는 사람들이 크게 늘어났다. 실제로 세계보건기구WHO는 세계적으로 2억 6,400만 명이 이런 증세를 보이고 있다고 밝히기도 했다. 세계경제포럼WEF은 이에 따라 유례없는 심리적 실험이 진행되고 있다고 평가했고, 유엔도 글로벌 정신건강 위기가 올 수 있다고 경고한 바 있다. 집에 오랜 시간 있어야 하는 데서 오는 불안뿐만 아니라 실업이나 소득 감소로 미래에 대한 걱정이 커지고 있는데 따른 것이다. 경제 위기도 팬데믹과 마찬가지로 정신 건강에 커다란 부정적 영향을 미친다. 지난 2007년~2008년의 금융위기 당시 많은 나라에서 우울증과 알콜 및 약물 중독이 크게 늘어났다.

이 같은 정신 건강 위기는 심리적 영향에만 그치지 않는다는 데 문제가 있다. 두고두고 경제활동을 위축시키는 이른바 '흉터 효과'를 가져온다. 상처가 아물어도 흉터가 계속 남아 경제를 위축시킨다는 얘기다. 예컨대 2008년의 금융위기 같은 경제 위기는 드물게 발생하는 것이다. 그런데도 금융위기를 한번 겪고 나면 금융시스템이 아무리 안전해도 또 다른 금융위기가 올 가능성이 실제보다 큰 것으로 사람들은 인식하는 경향이 생긴다. 금융위기의 흉터 효과이다. 코로나19도 마찬가지다. 이렇게 팬데믹을 한번 겪고 나면 가계와 기업 등 경제 주체들은 앞으로 또 다른 팬데믹이 올 가능성이 크다고 느끼게 된다. 그래서 가계는 만약의 경우에 대비해 저축을 더하게 돼 소비가 생각만큼 늘지 않게 된다. 기업도 팬데믹의 추가 발생 가능성을 염두에 두는 만큼 투자에 대해 보수적인 입장을 유지하게 된다. 세인트루이스 FRB의 줄리안 코즐로우스키 등의 연구 결과를 보면 미래의 팬데믹 리스크가 이런 식으로 경제 전반에 가져오는 비용은 국내총생산 GDP의 약 7~12%에 이르는 것으로 나타났다. 특히 정신 건강 악화로 인한 생산성 하락이 문제가 된다. WHO는 생산성 악화로 글로벌 경제가 매년 1조 달러의 손실을 볼 것이라고 진단했다.

이번 코로나19는 무엇보다 삶의 만족도를 크게 떨어뜨렸다. 삶의 만족도는 1980년 이후 가장 낮은 수준으로 악화된 것으로 분석되고 있다. 이 경우 우리는 돈의 중요성을 과대 평가하는 경향이 있다. 하지만 실제로 삶의 만족도가 낮아지는 것의 절반 정도는 정신 및 신체 건강의 악화 탓이다. 돈은 생각보다 큰 영향을 미치지 못한다. 독일에서 이뤄진 한 연구에 따르면 건강이 나빠짐에 따라 삶의 만족도가 그렇지 않은 경우보다 35%가량 떨어진 것으로 나타났다. 매킨지는 유럽 지역에서 삶의 만족도 하락을 금전적 가치로 계산할 경우 일 인당 연간 2만 파운드에서 6만 파운드에 이른다고 추산했다. 이는 평균 가계 소득의 1.1배에서 3.3배에 이르는 규모이다.

이렇듯 경제 위기와 팬데믹은 정신 건강의 악화를 통해 연쇄적으로 경제에 부정적 파상을 가져온다. 소비 위축도 그중 하나이다. 경제 위기는 소비 행태의 본질적 변화를 가져오고 이는 경제 위기가 해소된 이후에도 계속된다. 소비 위축이 이어지는 것이다. 경제 위기를 겪은 소비자는 무엇보다 절약하는 경향을 보인다. 부즈앤컴퍼니가 금융위기 직후인 2009년에 미국 소비자 2,000명을 대상으로 조사한 결과를 보면 경제 위기 초기에 새로운 절약 현상이 나타나면서 이후 2년 동안 일 인당 소비가 감소세를 보였다. 이 같은 추세는 미국 소비자들 사이에 깊게 뿌리를 내려 경제가 회복된 이후에도 지속됐다. 65%의 미국 소비자들은 할인 쿠폰을 더 빈번하게 사용했으며, 절약에 초점을 맞추고 쇼핑의 편리성을 포기하더라도 더 싼값에 상품을 구매할 수 있는 곳으로 가는 등 소비 행태의 변화를 보였다. 또 다른 연구는 가격에 초점을 맞춘 소비자들이 구매를 결정할 때 어떤 질문을 스스로에게 던지고 있는지를 보여주었다. 조사 대상 소비자 중 64%는 구매 대상 상품이 정말 필요한지를 스스로 질문했다. 60%의 소비자는 다른 데서 더 싼값에 살 수 있는지를, 59%는 해당 상품을 살 여력이 있는지를 자신에게 질문했다. 또 소비자들은 같은 상품을 사도 더 오래쓸 수 있는 것을 선호했다. 소비를 많이 하기보다 소비를 잘 하는 '절제하는 소비'가 자리를 잡은 것이다. 그 결과 소비가 둔화되는 결과를 가져왔다.

위기 후 소비자들은 몇 가지 특징적인 공통점을 보인다. 마켓 프로브 인터내셔널은 지난 2009년과 2010년에 미국과 영국, 일본, 중국, 프랑스, 네덜란드, 브라질 등 7개국에서 온라인 설문조사를 실시한 결과를 토대로 이를 3가지로 정리했다. 먼저 소비자들은 리스크에 매우 민감한 태도를 보였다. 이들 나라의 경기가 회복추세를 보여도 소비자들은 미래에 대한 걱정의 수위가 높았다. 그 결과 장기적 결정에 매우 신중하고 위험을 회피하려는 모습을 보였다. 둘째, 소비자들의 우울감은 사회적 문제를 가져왔다. 현대적 삶에 대한 불만족의 확산은 정신 건강에 부정적 영향을 미쳤고, 이에 따라 소비자들은 더 많은 소비를 추구했던 자신들의 과거 모습을 잊어버렸다. 셋째, 소비자들은 믿을 수 있는 것은 자신뿐이라고 생각하게 됐다. 경제 위기 기간 동안 한 발짝 뒤로 물러서 깊게 생각한 결과 그들은 선제적으로 자신의 마음을 챙기며 소비를 포함한 자신의 현재 및 미래의 삶을 더 많이 통제하려 했다. 이 분석은 추상적인 수준에서 소비자의 심리 변화를 추적했다. 경제 위기가 가져온 보다 실제적인 형태의 소비 변화의 모습은 이렇게 정리된다. 먼저 소비자들은 소비 자체를 단순화했다. 다음으로 소비를 절제했다. 부유층조차 절약하는 모습을 보였다. 스마트한 소비도 두드러졌다. 소비자들은 가격 변화에 민감하게 반응하며 더 낮은 가격을 적극적으로 추구했다.

소비자의 변화는 어찌 보면 상황의 급변에 대응하는 합리적 의사 결정일 수도 있다. 워낙 큰 일을 겪어 마음에 흉터가 생긴 만큼 미래를 더 불안하게 느끼고 이에 따라 소비에 신중한 태도를 보이는 것이다. 하지만 문제는 나무와 숲의 이해가 반드시 일치하지 않는 데 있다. 경제의 큰 축을 차지하는 소비가 흉터 효과로 장기간 흔들리게 되면 경제 자체가 위축되기 때문이다. 정부와 기업이 팬데믹과 경제 위기로 인한 정신 건강 악화와 심리적 위축을 방치할 수 없는 이유가 여기에 있다. 정부와 기업은 당장 경제 위기에 단기적으로 대응하느라고 정신 건강과 심리적 이슈를 덜 급한 문제로 미뤄둘 수 있다. 하지만 앞에서 얘기한 연구들이 지적하듯이 정신 건강과 심리 문제는 소비 위축과 생산성 하

락 등을 통해 경제 전반에 중장기적으로 적지 않은 비용을 초래
할 수 있는 만큼 이에 대한 대응도 경제의 활력을 되찾는다는 차
원에서 정교하게 이뤄질 필요성이 있다. 실제로 WHO의 연구 결
과를 보면, 정신 건강 관리에 투자한 1달러는 건강 개선과 이에
따른 생산성 증가로 네 배 수준인 4달러의 수익을 가져다주는
것으로 분석됐다.

먼저 정부가 정신 건강 관리를 위해 할 일은 무엇인가? 여기
에서 재난이나 위기 생존자들의 의식 구조를 들여다볼 필요가
있다. 전문가들은 생존자들의 장기적 정신 건강을 결정하는 핵심
요인은 '실제 지원received support'이 아니고 '인지된 지원perceived support'
이라고 지적하고 있다. 돈이나 식량 지원도 중요하지만, 생각보다
중요도는 떨어진다는 것이다. 대신 이웃의 지원에 기댈 수 있다
는 안정감이 어려움에 처한 사람들의 정신 건강을 좌우한다는
얘기다. 이 대목에서 정부가 도움의 손길을 내밀 공간이 생긴다.
지난 1990년대 중반에 테러리스트 공격 이후 프랑스 정부가 도입
한 혁신적 방식이 대표적 사례이다. 당시 프랑스 정부는 이른바
'투 텐트 모델two-tent model'을 가동했다. 이 모델은 의료적 치료를 제
공하는 현장 병원뿐만 아니라 심리 치료를 위한 긴급 조직도 동
시에 운영하는 방식이다. 위기나 재난의 현장에서 즉시 심리 상
담 등 지원을 정부가 제공했다. 이번 코로나19 팬데믹 상황에서

도 프랑스에서는 일부 시정부들이 주민들에게 이와 같은 '두 개의 텐트'를 제공했다. 이와 함께 정신 건강 관리와 명상 등에 관한 유용한 정보를 디지털로 제공하는 것도 정부가 할 수 있는 일 중 하나이다. 좀 더 큰 틀로 보면, 직업 만족도가 정신 건강에 중요한 영향을 미치는 만큼 정부는 좋은 일자리를 창출하는 데 주력해야 할 필요가 있다. 좋은 일자리를 갖게 되면 심리적 안정감이 회복되기 때문이다. 또 위기 기간에 일자리를 잃은 사람들은 실업이 장기화되면 숙련도가 떨어지고 경기 회복 이후에 요구되는 기능을 갖추지 못하는 문제가 생기게 된다. 이에 따라 실직자들에 대한 재교육을 강화해 기업 현장에서 요구되는 스킬을 갖추도록 하는 정책적 노력도 같이 이뤄져야 한다.

기업은 무슨 일을 해야 할까? 팬데믹에 따른 정신 건강의 악화는 생산성과 기업 문화 등에 악영향을 줄 수 있다. 예컨대 정신적 부담 탓에 직원들의 잦은 결근이 있을 수 있다. 실제로 위험 지역에 배치됐던 군대, 9·11 테러 당시 현장에 가깝게 위치했던 기업, 그리고 에볼라, 사스, 메르스 지역의 병원 등 유사한 사례에서 사태가 종료된 이후에 직원들의 잦은 결근이 나타났다. 트라우마로 업무에 집중하기 어려운 상태가 지속되는 것이다. 이와 관련해 벨기에 브리제 대학의 엘케 반 호프 교수는 WEF에 의미 있는 글을 기고했다. 그는 18세~65세의 벨기에 국민 중 심각한 수준의 스트레스를 보이는 사람들의 비율이 봉쇄조치 전에는 14%였으나 이후에는 25%로 크게 상승했다고 분석하고 이들이 회사에 자주 결근할 수 있는 잠재 후보군이라고 진단했다. 또 이들 근로자는 직장에 나오더라도 생산성이 35%나 떨어진다는 연구 결과를 인용했다. 기업이 직원들의 정신 건강 문제를 방치할 수 없는 이유이다. 재무 성과에 실질적인 영향을 미치기도 하고 이해관계자 존중이라는 가치에도 어긋나기 때문이다.

기업들은 직원들의 마음 치유를 위해 어떤 점에 염두를 둬야 할까? 이 문제는 드러내놓고 얘기하기 어려운 점이 있는 만큼 기업이 조심스럽게 그리고 효과적으로 대응할 필요가 있다. 비밀이 철저히 보장되고 어떤 불이익도 없다는 점을 분명하게 약속하면서 사내외의 상담 서비스를 제공할 필요가 있다. 여기에서 앞에서 언급한 '인지된 지원'이 중요하다. 회사가 자신을 기꺼이 자신을 도우려 하고 이를 위해 투자할 의지가 있다는 신뢰감을 심어주는 게 필수적이다. 무엇보다 직원들은 팬데믹 위기를 통해 삶에서 있어서 무엇이 더 중요한지를 생각하면서 종전보다 더 일과 삶의 균형을 추구할 가능성이 크다. 따라서 자신이 원하는 시간에 일하게 하는 유연근무제의 확대 등 변화를 주는 것도 좋은 방법이다. 무엇보다 직접적인 상사의 역할이 중요하다 직원들에게 직속 상사는 회사의 정책과 기업 문화의 지향점을 체감하는 창이다. 직원들의 마음을 챙기고, 공감 대화를 하고, 소속감을 불러일으켜 주는 상사의 역할이 그래서 더욱 중요한 시기이다. 직원들의 심리를 잘 챙기는 회사는 빠르게 회복할 것이지만 그렇지 못한 회사는 상황이 더욱 어려워질 것이다.

위기는 사람을 변화시킨다. 생각을 바꾸게 한다. 팬데믹이 안타깝게도 많은 사람의 생명을 앗아가고 대규모 감염자를 발생시키고 일상을 정지시키면서 사람들은 자신의 삶을 되돌아보고 있다. 삶에서 무엇이 중요한지, 그동안 우선순위에 잘못은 없었는지 되짚어 보고 있다. 매킨지가 '위기 속 성찰Reflection in crisis'라는 제목으로 이 이슈를 심층 분석한 내용을 소개한다. 코로나 19 사태로 삶의 속도가 늦춰지면서 사람들은 그동안 소득과 직업적 성취로 자신이 행복했는지를 반추하며 그동안의 삶에 행복이 빠져 있었다는 것을 깨닫고 있다. 인터뷰에 응한 독일인 페이스는 "직업적 목표가 이제는 덜 중요해졌다. 거기에 기쁨이 더 이상 없을 것 같다"고 심경을 털어놓았다. 인생관의 본질적 변화가 일어나고 있는 것이다. 그 결과는 무엇보다 가족 연대감의 강화이다. 그동안 바쁘게 살아오면서 가족이 일에 치였지만 위기 국면 속에서 가족들과 오랜 시간을 보내면서 사람들은 '가족의 가치'를 재발견하고 있다. 위기 상황 속에서 가족이 '최후의 보루'임을 깨닫고 있다. '가족 르네상스'가 본격화됐다는 말까지 나오고 있다.

이 같은 변화는 이번 팬데믹을 계기로 사람들이 삶의 우선순위를 조정해 일과 삶의 균형인 '워라밸'을 더욱 적극적으로 추구할 것임을 말해주고 있다. 성취의 속도를 줄이고 그 수위를 낮추더라도 소소한 일상에서의 행복을 더 중요하게 여길 것이라는 얘기다. 정부와 기업도 이런 인식의 변화를 수용해 사회 문화와 기업 문화의 변화를 확산시켜 나가야 한다. 중요한 것은 국민이 느끼는 행복이기 때문이다.

5

ESG의 확산

ESG는 기업의 가치 사슬 전반에 환경과 사회, 지배구조의 가치를
내재화해서 중장기적 기업 가치를 올리는 것을 목적으로 하고 있다.
여기에서 중요한 키워드는 '내재화'와 '중장기'이다.
경영 전반에 ESG의 가치가 스며들게 해야 한다는 것이 '내재화'이고,
적어도 3~5년 앞을 내다보는 기업가치 제고 활동을 해야 한다는 게
'중장기'가 담고 있는 의미이다.

중장기 기업가치 올리는
ESG

ESG가 기업경영의 기본 틀로 확실하게 자리를 잡아가는 모습이다. 관련 제도가 잇따라 만들어지면서 이제는 공급망 실사 대응과 같이 기업이 해야 하는 일이 늘어나고 있다. 기업 스스로도 ESG위원회와 전담 실무 조직을 두는 등 내부 체제를 가동하고 있다. 중요한 점은 각론에 집중하면서도 총론을 놓치지 않아야 한다는 것이다. 자칫 미시적 이슈에 지나치게 집중하다가 왜 ESG 경영을 하는지, 그 핵심을 놓칠 수 있기 때문이다.

ESG는 기업의 가치 사슬 전반에 환경과 사회, 지배구조의 가치를 내재화해서 중장기적 기업 가치를 올리는 것을 목적으로 하고 있다. 여기에서 중요한 키워드는 '내재화'와 '중장기'이다. 경영 전반에 ESG의 가치가 스며들게 해야 한다는 것이 '내재화'이고, 적어도 3~5년 앞을 내다보는 기업가치 제고 활동을 해야 한다는 게 '중장기'가 담고 있는 의미이다. 경영의 본질적 체질을 개선하기보다 단기적으로 등급을 잘 받는 데만 집중한다든가 대외 홍보에 과도하게 치중한다면 길을 잘못 들어선 것이다.

긍정적인 사실은 ESG 경영을 제대로 하면 기업 성과가 개선된다는 분석이 지배적이라는 점이다. 컨설팅 기업인 베인앤컴퍼니가 10만 개 기업을 대상으로 조사한 결과를 보면, ESG 활동이 활발한 기업은 탄소 배출 감축, 재생에너지 사용, 다양성 존중 등이 개선되는 모습을 보였고 이게 더 높은 성장률과 더 좋은 수익성, 그리고 고객과 직원의 만족도 제고로 이어졌다. 예컨대 여성 임원 비율이 높은 기업은 더 나은 재무적 성과를 기록했고, 직원 만족도가 높은 기업은 수익성이 더 좋았다. 이와 관련해 주목할 점은 ESG 경영이 재무적으로 중요한 활동에 집중될 때 경영성과의 개선이 가시화한다는 것이다. 자본시장연구원은 '재무적 중요성 기반 ESG 공시의 유용성'이란 보고서에서 재무적으로 중요한 활동에 초점을 맞추고 ESG 성과를 개선한 기업이 주식시장에서 장기간 초과수익률을 달성했을 뿐만 아니라 높은 ESG 성과를 지속해서 유지하고 있다고 강조하고 있다.

ESG는 이처럼 기업 경영에 선순환을 가져온다. 맥킨지는 이와 관련해 구체적 내용을 소개하고 있다. 이에 따르면 ESG는 먼저 기업이 새로운 시장에 진입하고 기존 시장을 확장하는 데 도움이 된다. 예컨대, 미국 캘리포니아주의 롱비치시는 대규모 인프라 공사를 발주할 때 과거 지속가능경영 성과를 기준으로 업체를 선정했다. ESG는 또 제품에 대한 소비자 수요를 증가시키기도 한다. 유니레버의 경우 물을 훨씬 덜 쓰는 식기 세제인 선라이트Sunlight를 시판했는데 소비자들의 호평을 받으면서 다른 제품까지 덩달아 매출이 늘어나는 효과를 톡톡히 누렸다.

ESG는 비용을 크게 낮출 수도 있다. 3M은 제품 재설정, 제조 공정 개선, 설비 재설계, 그리고 폐기물의 재활용 등을 통해 오염을 줄임으로써 22억 달러의 비용을 절감했다. ESG는 이와 함께 생산성 향상을 가져올 수 있다. 실력 있는 인재를 확보하고, 기업의 목적에 대한 공감대 형성을 통해 동기부여를 함으로써 생산성을 높일 수 있다.

ESG는 길게 내다보고 가는 '중장기 경주'이다. 덴마크 발전기업인 오스테드는 화력발전에서 재생에너지인 풍력발전으로 대변신하기 위한 30년 계획을 세웠지만 이를 10년여 만에 달성했다. 유니레버도 '지속가능 생활계획'이라는 10년 플랜을 운영해

ESG 경영도 잘하고 수익성도 뛰어난 모범 기업으로 탈바꿈하는 데 성공했다. 이들 사례는 기업가치 제고를 가져오는 ESG 경영은 단거리 경주가 아니라 긴 호흡의 마라톤임을 말해주고 있다.

이해관계자 자본주의

파타고니아의 ESG 경영

ESG(환경, 사회, 지배구조) 경영은 앞서 얘기했듯이 마라톤 경기이다. 경영과 생산 등 가치 사슬 전반에 ESG 가치가 스며들게 해 기업의 장기적 가치를 높이는 게 목표이기 때문이다. 관련 조직을 가동한다든가 하는 식의 대외적 선언만으로 ESG 경영이 완성되는 것은 아니다. 첫 발자국을 뗀데 불과하다. 진정성을 가지고 꾸준히 친환경 사업, 이해관계자와의 소통, 투명하고 깨끗한 경영 등을 해나가야 의미 있는 변화를 이뤄낼 수 있다.

ESG 경영을 잘하면 기업이 많은 수익을 내고 투자수익률도 양호하다는 얘기를 많이 한다. 문제는 이게 저절로 이뤄지는 게 아니라는 데 있다. 긴 호흡을 가지고 ESG와 경영혁신을 잘 융합

해야 이룰 수 있는 열매이다. ESG 우등생이 되는 효과적인 길 중 하나는 ESG 경영을 잘 하는 기업으로부터 배우는 방법이다. 그래서 돋보이는 성과를 올리고 있는 미국의 아웃도어 제품 기업인 파타고니아를 소개한다.

파타고니아는 기업의 목적이 '첫째도 환경, 둘째도 환경, 셋째도 환경'이다. 1973년에 회사를 창업한 이본 쉬나드는 환경 보호를 집착에 가까울 정도로 경영철학으로 고수하는 경영자이다. 그는 저서 『파타고니아, 파도가 칠 때는 서핑을』에서 말한다. "우리는 회사를 팔거나 공개회사로 만들어 '환경 위기에 대한 공감을 형성하고 해결 방인을 실행하기 위해 사업을 이용한다'는 우리의 사명을 타협할 생각이 없다". 투자자의 이익 극대화 요구에 밀려 환경을 뒷전으로 미루는 상황을 아예 만들지 않겠다는 의지의 천명이다. 그런 만큼 성장과 이윤을 바라보는 시선도 크게 다르다. 이사회에 제출된 '우리의 가치관'이라는 내부 문건은 "성장과 확장은 회사의 기반이 되는 가치관이 아니다"라고 선언한다. 실제로 쉬나드는 이윤을 내는 것이 파타고니아의 목표가 아니며 옳은 일은 하면 이익이 따라올 것이라고 강조하고 있다.

파타고니아는 환경을 전략과 가치 사슬 전반의 핵심 가치로 삼은 모범을 보여주고 있다. 그 전환점은 1994년에 찾아왔다. 당시 파타고니아는 의류 생산을 위한 목화재배 과정에서 환경을 심각하게 훼손하는 화학물질이 쓰이고 있음을 알아내고 중대 결정을 내린다. 모든 스포츠웨어를 친환경적인 유기농 목화로 제조하기로 한 것이다. 이 목표는 불과 2년 만에 현실화했다. 핵심은 공급망에 대한 철저한 관리였다. 유기농법으로 재배하는 소수의 농부와 목화 직거래를 텄다. 특히 인증기관의 협조를 받아 모든 섬유가 친환경적으로 생산되는지를 역추적하는 시스템까지 갖췄다. 파타고니아는 의류의 재사용에도 많을 공을 들이고 있다. 2011년부터 오래된 제품을 회수해 수선 센터에서 고치고 있다. 원하는 고객에게는 다시 보내주고, 그렇지 않으면 옷을 되사들인 다음 수선해서 재판매하고 있다. 버려지는 옷을 줄이기 위한 노력이다. 파타고니아는 어찌 보면 '경영의 이단자' 같은 기업인지도 모른다. 성장 속도를 조절하고 이익을 많이 내는 일에 몰두하지 않는 데다 환경을 위해 소비를 줄이자고 목소리를 높이는 기업이다. 소비자들이 이 기업의 가치에 공감하고 품질 좋은 제품에 '구매'로 화답하면서 지속가능경영의 성공 사례로 자리 잡았다.

파타고니아는 ESG 경영의 본질을 잘 말해주고 있다. 분명한 중장기적 비전, 세심한 계획, 사명감에서 우러나오는 진정성 있는 강력한 실행력, 이해관계자와의 활발한 소통 등이 바로 그것이다. 아이오아니스 아이오아누 런던비즈니스스쿨 교수 등 연구진 3명이 내놓은 보고서는 지속가능경영 우량 기업의 특성을 좀 더 상세하게 열거하고 있다. 먼저 이들 기업에서는 이사회가 ESG 실행을 하는데 책임 있는 역할을 한다. 경영진의 보상은 그 성과에 연동돼있다. 특히 이해관계자와 소통하기 위한 시스템을 잘 갖추고 있으며, 보다 장기 지향적인 경영을 하고 있다. 환경, 사회 등 비재무 정보를 측정하고 공시하는 데 보다 전향적인 태도를 보이고 있음은 물론이다. 예컨대 포드 이사회는 지속가능 성장을 촉진하고, 온실가스 감축에 대응하는 데 있어 경영진을 지원하며 의미 있는 역할을 했다는 평가를 받고 있다. 또 인텔은 1990년대 중반 이후 CEO의 보수를 환경보호 성과에 연동하고 있다. 필립스의 경우는 사업구조를 친환경으로 전환하면서 에너지 절감 전구를 개발하고 태양광 발전 사업에 진출하는 등 성과를 냈다.

ESG 경영. 기업마다 상황이 다를 것이고 해법도 상이할 수밖에 없을 것이다. 하지만 ESG 경영의 성패를 쥐고 있는 열쇠는 혁신을 지향하는 리더십과 이해관계자의 적극적 참여라는 것을 ESG 경영을 성공적으로 실행하고 있는 많은 기업이 말해주고 있다.

탄소국경조정제도
채찍 꺼내든 EU

그동안 ESG를 적극적으로 추진해온 곳은 EU유럽연합다. 이산화탄소 배출량 등을 공표하는 기후공시를 비롯해 지속가능금융공시규정SFDR, 녹색분류체계인 그린 택소노미 같은 제도를 마련해왔다. EU는 특히 기후변화 대응을 선도하고 있다. 2021년 6월에 '유럽기후법'을 제정해 2050년까지 순純탄소배출량을 제로로 만들겠다는 것을 법에 명문화했다. 또 이를 달성하기 위한 중간 단계로 2030년까지 탄소배출량을 1990년에 대비해 55% 줄이겠다는 목표를 세우고 이를 실현하기 위해 탄소감축 입법안 패키지 '핏포55Fit for 55'를 제안했다.

우리나라 입장에서 핏포55 중 가장 관심을 끄는 것은 '탄소국

경조정제도^{CBAM}'이다. 이 제도는 환경규제가 약한 외국에서 생산된 수입 제품에 대해 EU 제품보다 탄소 배출량이 많은 만큼 관세 형태의 탄소 가격을 물리겠다는 것을 골자로 하고 있다. 그 차이만큼 수입 제품에 대해 CBAM 인증서를 구매하도록 의무화해 금전적 부담을 지우겠다는 것이다. 이 제도는 EU 기업이 탄소 규제가 약한 다른 나라로 빠져나가는 것을 막기 위한 목적을 가지고 있다. 자신들은 저탄소 산업으로 전환하느라 원가가 높아졌는데 다른 나라의 고탄소 제품이 아무런 규제도 받지 않고 수입되는 불공정 무역 문제를 해소하겠다는 의도도 담겨져 있다.

CBAM과 관련해 2022년 말에 의미 있는 진전이 이뤄졌다. 그동안 EU 집행위원회와 이사회, 유럽의회가 각자의 안을 내놓았는데 이날 최종 입법안에 대한 합의가 이뤄졌다. 핵심 내용을 보면, 2023년 10월부터 2025년까지의 과도 기간(전환 기간)을 거쳐 2026년 1월부터 탄소국경제도를 본격 시행하는 것으로 일정이 확정됐다. 전환 기간에 대상 업체들은 탄소 배출량을 보고만 하면 된다. CBAM 인증서 구매는 2026년부터 의무화된다. 대상 품목은 당초 집행위와 이사회는 5개, 유럽의회는 9개를 주장했으나 결국 철강·알루미늄·시멘트·비료·전력·수소 6개 제품으로 결정됐다. 다만, 전환 기간에 플라스틱과 유기화학품을 추가할 수 있는 길을 열어놓았다. 이 제도가 적용되는 탄소 배출량에는 생산공정에서의 직접 배출량과 외부에서 사들인 열과 전기 사용으로 인한 간접 배출량이 포함됐다.

CBAM은 국내 기업에 어떤 영향을 미칠까? 비상이 걸린 곳은 철강업종이다. 우리나라는 대對EU 5위 철강 수출국으로 그 규모가 43억 달러(2021년)에 이르고 있다. 철강업은 탄소를 많이 배출하는 업종인 만큼 CBAM 구매 부담이 생기면 수출경쟁력이 크게 약화될 것으로 우려된다. 전환 기간 중 수소환원제철과 CCUS탄소포집·이용·저장 기술 등을 활용해 탄소 배출을 크게 줄여야 하는 일이 발등의 불로 떨어졌다. 알루미늄의 경우 연간 수출량이 5억 달러로 철강에 비해 규모는 작지만 투입재인 잉곳의 생산공정이 탄소를 많이 내뿜어 부정적 영향이 예상된다. 나머지 비료, 시멘트, 전력, 수소 4개 품목은 수출이 적거나 없는 상태이다.

하지만 CBAM의 여파는 여기에 그치지 않을 가능성이 있다. EU가 앞으로 플라스틱이나 유기화학품을 대상에 추가하면 그 영향이 만만치 않을 것으로 보인다. EU 수출물량이 플라스틱은 철강보다 많은 연간 50억 달러, 유기화학물은 18억 달러에 이르기 때문이다. CBAM은 탄소배출 문제가 무역장벽화하고 있는 사례이다. 본격 시행까지 시간이 있는 만큼 관련 산업을 저탄소 생산구조로 전환시키기 위한 민관의 공동노력이 긴요한 때이다.

그린혁신의 가속화

  팬데믹을 겪으면서 세계 각국은 '환경의 복수'가 순식간에 선례 없는 재앙으로 번질 수 있음을 절감했다. 특히 지구 온난화 추세가 '시한폭탄'이라는 데 공감이 모아졌다. '뜨거워지는 지구' 자체를 인정하지 않던 트럼프 미국 행정부 시대가 막을 내리고 친환경 성향이 강한 바이든 행정부가 들어선 후 미·EU 기후 공조 체제가 강화되면서 온난화 억제를 위한 탄소 감축은 피해갈 수 없는 대세가 됐다. 이런 추세에 맞춰 우리 정부도 2030년의 국가 온실가스 감축 목표치NDC를 종전의 26.3%(2018년 대비)에서 40%로 올려 국제 사회에 공표했다. 다른 나라에 비해 제조업 비중이 높은 데다 감축 기간이 짧은 한국 경제로선 벅찬 목표치임을 부인할 수 없다.

기업들은 어려움을 호소하고 있다. 전국경제인연합회가 126 개 기업(응답 기준)을 대상으로 조사한 결과 온실가스 배출기업의 68.3%는 2030년 NDC가 과도하다고 밝혔으며 경영에 부정적 영향을 우려하는 기업이 84.1%에 달했다. 이 같은 현실론도 경청해야 할 의견이다. 문제는 대의大義가 분명한 탄소중립의 목표 시점인 2050년을 향해 이미 세계 각국이 움직이기 시작해 선진국 대열에 오른 우리나라가 이에 성의있게 동참하는 게 불가피하다는데 있다. 에너지 다소비 국가의 오명에서 벗어나면서도 경쟁력을지킬 수 있는 해법을 찾아야 하는 과제가 우리 앞에 주어져 있다. 종래의 발상을 뛰어넘는 '그린 혁신'을 이뤄내는 정공법 이외에는 다른 길이 없어 보인다.

그 해답은 국가적 역량을 총동원해 '그린 경제'로의 전환에 온 힘을 쏟아붓는 '절박한 집중력'이다. 팬데믹에 대응한 미국 등 국가의 백신 개발 과정이 이를 모범적으로 잘 보여주었다. 팬데믹 초기만 해도 코로나 백신을 만들어 내는 데는 최소한 4년, 길면 10년 정도가 걸릴 것이라는 얘기가 나왔다. 그러나 실제로 백신이 나온 것은 불과 11개월 만이었다. 이처럼 놀라운 성과는 어떻게 실현 가능했을까? 핵심적인 요인은 정부와 기업, 그리고 연구기관이 전례 없는 수준으로 긴박한 공조 체제를 가동한 데 있다. 주요국 정부는 연구 개발에 대규모 자금을 투입했다. 통상 30

일이 걸리는 백신 후보 접종을 채 일주일도 못 돼 허가하는 등 규제의 문턱을 크게 낮춰줬다. 미리 대량구매를 약속해 기업의 리스크도 줄여줬다. 한결 부담이 준 기업들은 연구 및 의료 인력들과 함께 개발 일정을 앞당기는 순발력을 보였다. 그 결과 백신 초고속 출시라는 역사적 기록이 세워졌다.

불리한 여건에서 시간에 쫓기고 있는 만큼 한국 경제의 그린 혁신도 이런 방식으로 진행돼야 한다. 결국은 돈이다. 세계적으로 청정 기술 개발에 대규모 자금이 투입되고 있다. 각국 정부의 투자 규모는 미국 1,870조 원, EU 1,320조 원, 일본 178조 원에 이르고 있다. 탈탄소 에너지 선환에 투입된 글로벌 투자 자금도 지난해 한 해에만 5천억 달러가 넘는 것으로 추산되고 있다. 선제적 역할은 정부의 몫이다. 탄소 저감과 대체에너지 등 미래 기술 개발에는 대규모 연구 개발 투자가 필요한 만큼 정부가 이를 앞장서 주도해야 한다. 민간을 선도하는 '기업가형 정부'의 지혜와 과감한 실행력이 긴요하다. 투자에 대한 세제 혜택과 에너지 사용 절감에 대한 인센티브 지급 등을 통해 기업이 큰 부담 없이 총력전에 나설 수 있도록 지원하는 일도 필요하다. 기업도 그린 혁신 시대에서 퍼스트 무버로 앞장서 나가기 위해 발상과 실행의 전환으로 위기를 미래의 기회를 여는 계기로 삼아야 한다. 한국 경제가 명실상부한 '청정清淨 산업 선진국'으로 대변신하는 선도

적 잠재력을 보여주길 기대해본다. 혁신은 늘 절박할 때 꽃을 피
워왔다.

일상생활 속 ESG 실천

우크라이나 전쟁 개전 이후 유럽국가들이 우크라이나를 지원하자 러시아는 이들 국가에 대한 가스 공급을 크게 줄이면서 견제에 나섰다. 독일을 비롯한 EU유럽연합 국가들은 에너지 수급에 비상이 걸렸다. 이 문제를 해결하기 위한 대책의 하나로 EU는 시민들에게 "각자 자기가 할 일을 하자"며 에너지 절감을 위한 실천방안을 제시했다. 여기에는 난방 온도 낮추기, 에어컨 적게 쓰기, 경제 운전, 고속도로 운전 시 감속, 대도시에서는 일요일에 운전하지 않기, 단거리는 걷거나 자전거 타기, 대중교통 이용, 비행기 대신 열차 타기 등 세세한 내용이 포함됐다.

EU가 내놓은 이 방안은 에너지 위기를 극복하기 위한 것이었지만, 일상생활에서 ESG를 실천하는 방안으로도 손색이 없는 내용이다. 환경을 보호하고 사람을 돌보는 투명한 경영을 하자는 ESG의 골격 중 가장 중요하게 언급되고 있는 이슈가 기후변화 대응이기 때문이다. 실제로 지구가 계속 더워지는 것을 막으려면 지구온난화를 가져오는 탄소배출을 크게 줄이는 게 필요하다. 전기와 석유 등 에너지 사용을 절제하고 자원을 아껴서 쓰는 게 중요한 이유이다.

소비자들이 일상생활에서 손쉽게 할 수 있는 ESG 실천방안은 무엇이 있을까? 탄소중립의 생활화가 아닐까 싶다. 먼저 에너지 소비를 줄이기 위해 고효율 전자 제품 사용, LED 조명으로 교체, 빈방 소등, 안보는 이메일 지우기 등이 필요하다. 소비생활에서는 음식물 쓰레기 줄이기, 저탄소 제품 구매, 과대포장 제품 안 사기, 인쇄용지 사용 줄이기 등을, 그리고 운전 시 급감속과 급가속 자제, 장시간 주정차 시 엔진 정지, 타이어 공기압 정기 점검 등 친환경 운전 습관을 실행에 옮기는 것이 중요하다. 이와 관련해 소비자들이 더 정확하게 알아야 할 정보가 있어서 소개한다. 우리는 일회용 컵 사용을 줄이기 위해 텀블러를 쓰면 환경 보호에 참여하는 것으로 생각하곤 한다. 실제 그럴까? 답은 '하기 나름'이다. 텀블러 한 개는 스테인리스로 만들어져 쓰레기로 버려질 때까지 평균 671g의 온실가스를 배출한다고 한다. 종이컵 한 개의 온실가스 배출량은 28g이다. 그러니까 산술적으로 계산해보면 종이컵 대신 텀블러를 쓰는 횟수가 24회가 넘어야 환경을 보호하는 효과를 볼 수 있는 것이다. 텀블러를 몇 번 가지고 다니다가 집에 그냥 두면 오히려 환경을 해치는 결과를 가져오게 된다는 얘기다.

소비자는 기업이 중요시하는 대표적인 이해관계자로서 기업이 ESG 경영을 잘하도록 유도하는 역할을 할 수도 있다. 소비자는 적극적으로 ESG 경영을 하는 기업의 제품을 구매하고 그렇지 않은 기업은 외면하는 추세를 보이고 있다. 대한상공회의소가 국민 300명을 대상으로 실시한 조사 결과를 보면 '기업의 ESG 활동이 제품 구매에 영향을 미친다'고 응답한 비율이 63.0%에 이른다. 특히 ESG 우수 기업이 판매하는 제품값이 비싸도 이를 사겠다는 소비자가 10명 중 9명이나 된다. 소비자가 이처럼 ESG를 중시하는 만큼 기업이 ESG 경영을 소홀히 할 수 없는 게 현실이 됐다.

소비자가 ESG 중 다소 어렵게 느끼는 분야는 지배구조(G)이다. 하지만 여기에서도 소비자의 역할이 있다. 지역 사회의 의사 결정 과정에 참여하는 것이다. 현재 지방자치단체는 주민이 제안한 사업 중 우수한 사업을 선정해 예산을 배정하는 '주민참여 제안사업제도'를 운영하고 있다. 경상남도 교육청의 경우 이 제도를 활용해 주민이 제안한 저소득층 학생에 대한 졸업앨범비 지원 등의 사업에 예산을 지원했다. 예산이 들어가는 지역사업을 주민이 직접 결정하는 바람직한 지배구조 사례라고 할 수 있다. 지금까지 살펴본 것처럼 ESG는 기업만의 일이 아니다. ESG는 소비자가 보다 건강한 사회를 만들기 위해 참여할 수 있는 실천의 영역이기도 하다.

자본주의의 미래

　자본주의는 진화한다. 그 핵심 가치도 시내 정신을 반영해 변화한다. 1970년에 밀턴 프리드먼은 '기업의 목적은 주인인 주주를 위해 돈을 많이 버는 것'이라는 내용의 '프리드먼 독트린'을 내놓으면서 기업이 사회적 책임 활동을 하는 것은 사회주의라고 비판했다. 요즘 얘기로 하면 색깔론을 가져다 댄 것이다. 그러나 시간의 흐름은 주장의 빛깔을 퇴색하게 한다. 지금 기업의 사회적 책임 활동은 일반적인 추세가 되었다. '기업은 사회와 함께 한다'는 이미지를 구축하기 위해 자발적으로 사회적 책임 활동에 적극적으로 나서고 있다. 사회주의가 아닌 자본주의 기업의 핵심 활동이 되었다.

프리드먼의 기업관은 신자유주의가 경제의 기본 질서가 됐던 시기에 절정을 이뤘다. 신자유주의는 물론 무역 개방을 가져온 글로벌화 등으로 빈곤을 해소하고 경제적 번영을 가져오기도 했다. 하지만 '단기주의'가 문제를 일으켰다. 기업들은 단기적 성과를 요구하는 자본시장의 요구를 수용해 단기적 주가 상승, 배당, 그리고 자사주 매입 같은 방식으로 주주가치를 극대화하는 데 온 힘을 쏟았다. 대신 경영진은 엄청난 규모의 연봉과 스톡옵션 등으로 보상을 받았다. 기업 경영에 관한 한 신자유주의는 주주와 경영진의 '담합' 구조로 운영됐다. 기업 성장의 이익은 주로 주주들의 호주머니로 들어갔다. 주주들에게 성장의 과실을 집중하다 보니 근로자들은 소외됐고 심지어 기업 투자조차 부정적인 영향을 받았다. 2008년의 금융위기를 겪으면서 양극화 심화를 가져온 신자유주의의 탐욕의 민낯이 드러났다. 기업의 신뢰도가 떨어졌고 자본주의에 대한 사회적 합의에도 금이 간 상태이다.

이제 어디로 갈 것인가. 워싱턴 컨센서스로 불리는 신자유주의는 역사의 뒤안길로 사라졌다. 베이징 컨센서스로 불리는 중국의 국가자본주의는 수치적 성과는 상대적으로 나은 편이지만, 민주, 자유, 신뢰 등 소프트 파워의 결여로 대안이 될 수 없는 체제이다. 한 때 '유러피안 드림'으로 불리던 유럽식 자본주의는 재정위기를 거치며 힘이 빠진 상태이다. 이런 상황에서 대안으로 제시되고 있는 것이 바로 이해관계자 자본주의이다. 이해관계자 자본주의의 핵심 가치는 기업 성장의 과실이 사회 전반에 흘러내리는 '낙수효과'를 복원해 골고루 잘 살고 환경 등 공존의 가치를 지켜나가는 건강한 사회와 경제를 만들어 가자는 것이다. 마이클 포터가 얘기한 것처럼 기업은 이미지 개선에 초점을 맞춘 사회적 책임 활동에 그칠 것이 아니라 가치 사슬 전반에 있어 고객, 근로자, 거래기업, 지역사회 등 이해관계자를 존중하고 그들의 이익을 반영하는 '공유가치 창출'의 요구에 직면해있다.

이런 사회적 요구를 반영해 미국 재계가 주주자본주의의 종식을 선언하고 이해관계자 자본주의의 깃발을 든 것은 큰 획을 긋는 전환점이다. 이어서 세계경제포럼과 글로벌 공시표준 기관, 그리고 회계법인들이 이해관계자 자본주의 실천을 위한 통합 공시 기준을 이미 만들었거나 만들고 있다. 이 기준이 시행되면 이해관계자 중심의 장기적 가치 창출이 중시되는 새로운 자본주의 시스템이 가동되는 중요한 계기가 될 것이다. 자본주의 개혁 논의는 여기에만 그치는 것이 아니다. 영국에서는 회계법 개정이 필요하다는 의견이 제기됐고, 국내에서도 현재의 주주 중심의 재무제표를 이해관계자 중심의 통합재무제표로 바꾸는 방안이 학계에서 논의되기 시작했다. 환경, 사회, 그리고 지배구조를 중시하는 ESG가 이제는 글로벌 투자의 표준이 돼가고 있으며 국내에서도 관련 투자가 활성화될 것으로 보인다. 국제금융센터는 중기적으로는 자본 배분, 경영진에 대한 적정 보수, 직원 지원, 사회공헌, 친환경 전략 등에 중점이 두어지고, 장기적으로는 공급사슬을 포함한 통합공시 체계와 지속가능 회계기준이 도입될 것이라고 내다봤다.

아래 두 사람의 글은 240년 가까이 시차가 있지만, 자본주의가 공존과 상생의 길로 나아가기 위해 존중해야 할 핵심 가치를 말해주고 있다. 이해관계자 자본주의는 이를 실현하기 위한 하나의 방법일 것이며 자본주의는 앞으로도 계속 더 나은 방향으로 진화해갈 것으로 믿는다.

> 경제적인 관점에서 사회는 각 개인이 이익을 무제한으로 추구하는 행위를 보장하는 것이 아니라 모든 사람에게 보편적인 욕구를 충족시키는 것에 목표를 둔다. 개인의 우월성은 권력이나 물질의 소유로 타인들을 지배하는 것이 아니라 다른 사람들의 행복에 기여하는 활동을 통해 자아를 확장시키는 능력, 즉 미덕에 근거를 두어야 한다.
>
> – 루소, 『고백록』(1781년)

자본주의가 모든 사람을 위해서 잘 작동하려면, 생산성을 달성할 뿐만 아니라 의미를 부여하도록 자본주의를 관리할 필요가 있다. 자본주의 사회는 번영을 달성할 뿐만 아니라 윤리적이어야 한다.

– 폴 콜리어, 『자본주의의 미래』(2018년)